觀修藥師佛

祈請藥師佛，能解決你的困頓不安，
感受身心療癒的奇蹟

堪千創古仁波切／著　靳文穎／譯

目次

【緒論】

無價的修持──藥師佛法

札西南傑喇嘛（Lama Tashi Namgyal）

　　根據記錄於《佛說入胎經》（*Sutra on Entering the Womb*）中的佛陀法教，疾病可分為四大類。

　　第一類疾病比較不嚴重，病人即使不服藥也會痊癒。第二類疾病較嚴重，甚至具有危險性，不過，服用適當的藥物也可治癒。現今對於治療這類疾病已經有許多種現代化醫療方法，諸如針灸、手術、放射與化學療法等。第三類則是現代醫療無能為力的疾病，無法僅用藥物或其他療法將病人治癒。不過，這類疾病仍然有辦法對治，使病人得以恢復健康──那就是修習佛法中所教導適當的精神療法。第四類疾病包括那些由業力所致而無可挽救的病症。當病人的身體出現這類病徵時，死亡是無可避免的，再多的藥物或療程都是枉然。事實上，對於這種業病，除了減輕疼痛的麻醉劑之外，使用其他藥物只是延長病人的痛苦而已。

　　本書中非凡的西藏禪修大師與學者堪千創古（Khenchen Thrangu）仁波切所講授的藥師佛法教，特別是針對罹患第三類疾病的人，雖然沒有有效的醫療方法可以治癒他們，但是，卻可以透過深奧的精神修持獲得痊癒。在佛教傳統中，這類精

神療法以修藥師佛法最為著名。透過這方面的修法，可以啟動一切眾生本身具有的治療力量，使之爆發出來，因此，病人可以自行治好這類藥物與現代醫學都束手無策的疾病。

　　一般人往往認為疾病是屬於物質性的問題，需要透過物質方面來解決，因此理所當然會提出這樣的疑問：精神的修持怎麼能夠幫助身體自我療癒呢？尤其是對佛法的神奇力量沒有信仰的人，更容易有這方面的質疑。不過，如果一個人相信精神的力量可以超越純物質世界的限制，甚至在這方面有所接觸，那麼對於佛教傳統針對這個問題所提出的答案，他將會感到興味盎然。

所有現象都是暫現的

　　在佛教金剛乘（vajrayana）①傳統中，對於一個人如何透過精神修持來自我療癒的問題，我們會從以下兩個角度來回答：其一是從具有實相本質的勝義諦（ultimate truth）角度；其二是從世俗諦（relative truth）②的角度，也就是討論當我們尚未領悟實相本質的勝義諦時，事物是如何展現在我們面前。

　　從勝義諦的觀點來看，所有的現象（包括我們誤認為屬於物質的現象）都不具任何自性的存在。雖然它們看似很牢固、很真實，但實際上只是幻象而已，缺乏任何實質的真實性；就像空中的光，如同北極光、彩虹、回聲、閃電、海市蜃樓、魔術表演、夢境、幻覺，像電影與電視中的影像，或像水中之月

一般。任何這些虛幻的顯現，包括我們以爲是物質的東西，都
不具有任何眞正、獨立、永久、堅實或實質上的存在，它們也
都受限於不停變化、同樣不實在的各種因緣。數世紀以來，當
今的科學家們針對公認爲物質世界的建構單元——原子，不斷
地研究、搜尋，但他們並沒有再找出任何不可再分的、永久的
物質粒子。他們最常發現的是活躍在空間之中的各種能量，這
些能量也是無實質、無常、且不可預測的，它們也不能被稱爲
具有任何永久性的存在。愈多的科學家進行研究，物質世界的
本質卻顯得更加虛幻。佛陀在二千五百年前就發現了這項眞
理，而佛教傳統也從那時起就對這項眞理宣說至今。

所有現象都是暫現的，就如同萬花筒般瞬息萬變。這些虛
幻的示現並不具有使我們受苦的力量，除非我們誤以爲它們是
眞的、實在的——包括疾病也是如此，因爲疾病同樣只是一種
示現而已。當我們對這些示現有所誤解，將它們當作眞實時，
就會專注在其中，導致它們在我們的經驗中固化。這使它們看
起來堅固而具有眞實質感，而在我們的生活當中，這些疾病的
確讓我們覺得非常逼眞而實在，讓我們感到痛苦。

不過，雖然我們經驗到的每一件事都不具有任何實質的存
在，我們仍然會體驗到一些東西。我們體驗到什麼？我們體驗
到心智。

在究竟的分析上，事物的本質或顯現的本質只不過是空而
無實質的放射，或是同樣空而不實卻明亮的心所顯現的光。創
古仁波切在討論這點時，講述了佛陀於二千五百年前第三次轉

法輪（turning of the Wheel of dharma）③時的偉大法教：

> 在未進行禪修之前，在認識事物的實相之前，我們會
> 將心所發出的光認做堅實的外物，是快樂與痛苦的來
> 源。但是，透過禪修而認識事物的真相之後，你將看
> 出，所有這些顯現不過是體驗到它們的心所展現或發
> 出的燦爛光輝而已。

當我們真正能夠認出，疾病「只不過是體驗到心所發射出
來的光的展現」，是缺乏任何固有實質的存在時，那麼人的痛
苦就會消失。不論是罹患上述前三類疾病的哪一類而受苦時，
只要能夠認出它真正的性質──這只是感受到心如空幻魔術般
的展現或所發射的光，病人就不會感受到痛苦；而依據這種了
悟的程度與是否完全，他的疾病將消失在純潔遼闊的初始虛空
中，他的病也因而得以痊癒。即使罹患的是第四類疾病，病人
因業力所致，必然將死於那種特定的疾病，但他會死得沒有痛
苦或恐懼，因為所有現象（包括疾病在內）都是空的。所有現
象都不具有任何實質，它們的存在也無法獨立於同樣空幻而相
互依存的因緣；它們只是空幻而光亮的覺知，在初始純淨的遼
闊虛空中，無實質、不斷變易、萬花筒式的光彩表演而已。

以上是從勝義諦的觀點對疾病的看法，能夠有所了解是非
常有用且有幫助的。不過我們必須記住，勝義諦是絕不可能透
過文字或概念的建構來確切表達的。文字與概念，甚至「勝義
諦」一詞的概念，只不過是「指月的手指」，它們不是「月亮」

本身。勝義諦無法以文字或概念完整地表達出來。

每一件事都是由因緣產生

　　雖然釋迦牟尼佛曾對勝義諦做過許多開示，但他明白，如果只教授勝義諦，大多數眾生可能無法了解，或者無法依據它而在精神修持方面有所進步。因此，佛陀又開示了所謂的世俗諦，那是以一般人能夠理解的辭句與概念，對事物的真理所做的闡釋。世俗諦更易領悟，因為它更貼近人們所見與所了解的世界，以及他們親身的經驗。佛陀曾以各種不同的方式講授世俗諦，因為世間有性情、興趣、才能各異的各種眾生。佛陀用這種方法呈現真理，以及以這些真理為依據的修行之道，不但使人們可以迅速獲益，而且在逐步指引之下，還能長期漸進到更深入、更幽微的理解。

　　從世俗諦的角度來看，我們所經驗到的每一件事都是由因緣產生，包括各種快樂與幸福，以及各種形式的痛苦。如果我們經歷的是快樂、健康與靈性的成長，那是因為我們過去所行的善；如果我們經歷悲傷或其他的痛苦，那是由於我們過去曾做過不善或負面的事，諸如各種傷害或邪惡的行為。這項因果的原則說明為何疾病會存在。如果我們得了某種病，那不會是因為偶然的物質的因，而與我們過去的身、語、意所造的惡業無關；相反地，所有的疾病以及因病而引起的身體痛苦，皆是惡業（身、語、意所犯下的惡行）之果。

　　邪惡或拙劣的行為如果是輕微的，它們會自然地自動耗盡，而病人無論是否服藥都會痊癒。病痛持續的時間長短，取決於所造惡業的時間長短及其頻率，同時也和靈修的因素有關。若是惡行重大，但由於我們過去所累積的個人或與人共同成就的善業所產生的善果，使我們活在這個有適當的藥物或醫療方法可供運用的時代，那麼我們就可以使用這些藥物與醫療將病治癒。

　　如果疾病的業因非常嚴重，而我們未能達到菩薩證悟的第八地（the eighth bhumi）④──那是可以任由行者超越病苦的階段，則我們必將死於那場病。不過，如果使我們生病的業因很強，以致醫藥罔效，卻並沒有嚴重到使我們必然病死的地步，這時若我們發心修法，就可以透過修法治好我們的病。因此，在這類情況下，修習藥師佛法的價值是無可擬的。

疾病的根源是惡行、負面情緒與貪欲

　　當我們說到邪惡或不當的行為是疾病之源，非常重要的是必須了解，這些惡行並非只是由我們的身體或言語所造作，還有我們的心。當然，如果我們由於憤怒或暴虐而殺了人，這種行為會產生強烈的負面業力，並在我們的意識連續體上留下強烈的負面印記。如果這些負面的印記未能被靈修所淨化，終究會產生各種狀況：致我們於死、使我們生病或導致精神上的痛苦（包括更加憤怒、更具攻擊性，以及不能控制的欲望與衝動

想要再殺人），以及使我們投生在充滿殺戮或戰爭不斷的悲慘環境中。這些情況完全取決於我們殺戮的次數與強度，以及驅使我們動念去殺人的情緒強度。不過我們必須切記，這些因是可以淨化的，可以透過靈修來避免災難的發生。

即使沒有在行動上殺人，我們如果因憤怒瞋恚而說出以下這些話：「我恨死你了，我要殺了你。」「你可惡透了，我恨你。」「我恨你。」或「你的行為可鄙，我非常生你的氣。」如此，我們仍是在造口頭與精神上的業，它們也可能成為疾病的因。

即使我們既未殺人，也沒有表示憤怒或仇恨的情緒，卻在心中念念不忘對別人的惱怒、仇恨、憤慨或不滿，就會加強這類情緒，使它們變得強烈而愈來愈難以控制，我們心中的這些活動仍然將產生疾病。沒有藥物可以完全治好這類病，因為它不是物質的因所引起的；它的肇因是精神與情緒性的，除非這些原因本身自然地耗盡，否則要處理這類病症，唯有從淨化導致疾病的精神與情緒上的因來著手，才能真正治癒。這就是原諒之所以如此重要的原因之一。

原諒在這裡的意義，不是指出於我的高貴或比別人更善良，或是比別人有更高的智慧，於是，我寬容大度地原諒了使我生氣、怨恨或憤慨的那個人。原諒是指，我認識到不論別人可能對我做了什麼，我的憤怒或仇恨，以及它對我身體、情緒和精神上可能造成的傷害，卻是我自己的；它並非來自別處，是出自於我自己的心，而心之特性是由我的一切善業與惡業塑

造出來的。認清這項眞理而能在精神方面做適度的調節，才是確保身心健康的基礎，同時也是與人達成眞正和解的基礎。由於藥師佛法的修持，其效用來自於對業因所生的負面情緒強大而快速的淨化，因此，藥師佛法對於成就原諒、重振生機與和解，是一種殊勝有力的修持方法。

修藥師佛法，同時在對治因過度的貪欲所導致的疾病方面，也非常珍貴，包括沈迷或上癮的行爲，例如，對於人際關係的耽溺、藥物毒癮、酒癮、飲食過量、習慣罵人等等。佛陀當年最初開示苦因的時候──也就是對第二聖諦（Second Noble Truth）⑤的闡釋，他教導說那是 *tanha*（巴利文〔Pali〕⑥），意即「飢渴」或「渴望」；如果用現代的語言來表達，*tanha* 可譯爲「沈迷」。*Tanha* 或沈迷的意思是，對某個對象的飢渴或強烈的渴望，強大到幾乎無法對那種執意想要的東西加以抗拒。假如一個人努力而專注地修藥師佛法，加上要糾正或淨化沈迷的決心，很自然地會在他的心智系統中增加「拒絕」的能量，使他能夠愈來愈容易放開，最後終可將毒癮戒除。因此，藥師佛法的修持是無價的。

誠然，大多數的情況是我們不知道爲何會生病，這是因爲目前我們沒有能力認清許多壓抑在心中的各種負面情緒，不能以慧眼「看見」時常是我們在過去數世所造作的業，實際上，它們才是令我們產生這些負面情緒並得病的原因。這種認知的能力是先決條件，有了它之後，一方面我們可以直接「看見」負面的精神狀態或情緒，與邪惡行爲之間的關係，一方面可以

了解我們的病症。修藥師佛法終究可以破除障礙我們認知的心的染污。在此同時，假使我們了解業力的因果原理，並且對精神的淨化懷有信心，我們可以經由修持藥師佛法，在達到精神的洞察力之前即獲得成效。

所有這些利益之所以能夠產生，是因為疾病的根源是惡行，以及引發惡行的情緒上的穢物。修藥師佛法是淨化這些惡行與污物，以及它們在我們心上留下的印記最深奧方法之一，這些東西不加以清除，終究會以疾病或不能自主的行為顯現。藥師佛法是以這種方式去除病因，而使疾病得以治癒。

明光本性的特質化現各種本尊

對藥師佛法如何與佛陀的法教——尤其是與佛陀對金剛乘的開示相符合——能夠有所了解，對我們是有助益的。

佛陀的法教總括起來可歸納為二大類，即止（shamatha）與觀（vipashyana）——靜定（精神的寧靜）與靈性的洞察。在小乘佛教的傳統中，觀的法教主旨在於建立個人的非真實性存在——有時稱為單重的無我（one-fold egolessness）或個人的無自性，以及整體物質世界或事物的非真實存在。大乘法教的前半部分談到觀——包含在第二次轉法輪之中，其主旨在延伸這種理解，以至於包括原子、次原子、物質、能量、時間，以及意識本身的各種形式。這兩種理解合稱為雙重無我（two-fold egolessness）或個人和現象的無自性。這些要義都包含在

「空性」（shunyata, emptiness）一詞當中。

　　大乘佛法的後半部分——第三次轉法輪所授——是教導空性並不只是空無一物，亦非相互依存的反面，甚至不是超出所有概念的狀態。第三次轉法輪講授的是，這個空性雖然缺乏任何可以界定的特質，諸如顏色、形狀、大小、位置、實質或性別，也沒有任何認知或情緒上的染污，卻並非沒有本身的特性；實際上，光亮清明的心包含真實的一切面向，我們稱之為「明光」（clear light）。這個空虛的光明清澈，總括了所有在我們的概念中所認為的不同美善性質，像聰明、智慧、慈悲、善巧、虔敬、信心、治療的能力等等，成為它不可分的特質。明光本性的特質化現出金剛乘傳統中的各種本尊，像是藥師佛、金剛瑜伽母（Vajrayogini）、度母（Tara）、金剛持（Vajradhara）、金剛薩埵（Vajrasattva）⑦或觀世音菩薩。從世俗諦的觀點來看，據說這些本尊當中至少有些確實以單獨的個體存在，接受人們的祈願。他們能夠如此存在，唯一可能的理由是，他們所具現的特質，早在他們仍是迷惑的眾生時，已然蘊藏在他們自心的明光性或佛性當中——正如同這些特質同樣也蘊含在現今所有迷惑的眾生心中一般。

　　所有本尊的主要特質，可從了解他們身、語、意的主要特質上，獲得更清楚的理解。本尊的身是外觀與空性的結合，當觀者與所觀的經驗被淨化時，就會在修行者的經驗中顯現。被淨化的是什麼？被淨化的是執著與偏見，以及由其引生的一切心的染污；被淨化的是知覺對自我的執著，以及知覺對被視為

非我的偏見。蓮華生大士（Guru Rinpoche）⑧的說法是：「淨
化的觀者與所觀是本尊的身，清明的空性。」

　　本尊的語是聲音與空性的結合。我們知道聲音是無實體
的，但是，聲音如果缺乏空性的經驗，就會具有無限的力量來
傷害我們、羞辱我們、使我們興奮、迷惑我們、使我們高興等
等。但是，當聲音與言語的溝通只是被當作聲音來感受時，也
就是聲音與空性結合在一起時，它們影響我們的力量就被解
除，而我們得以完全平靜地聆聽，不至於被扭曲變形。

　　本尊的意是覺知與空性的結合。五根的經驗、由意識產生
如萬花筒般千變萬化的思緒、精神上的痛苦、正面或負面的感
覺、快樂或痛苦的覺受，以及細微的二元理解力等各種經驗，
在缺乏對空性體驗性之了解的情況下，具有力量使我們的心陷
於最暴亂、奇特，或有時非常幽微的鬧劇中。然而，當這些經
驗的空性本質被認出之後，我們不再歡迎它們而加以排斥，這
會使它們分解或自我解放，融入空虛的光明覺知中。

　　所有本尊都具有這種特質的三個面向──我們也稱此特質
為大手印（mahamudra）或大圓滿（dzogchen）⑨，而所有修
行本尊法教的行者如果夠精進與堅忍，終究也將證悟自身本具
的同樣特質（本尊的身、語、意）──這時他們也將成為本
尊。

　　同時，每一位本尊都各有其獨具的加持力。如果行者修觀
音法門，他終究將成就大手印或大圓滿，達到完全開悟成佛；
但在短時間內，行者也會感覺到自己的慈悲心增強。如果行者

修綠度母，終究將達到證悟，但在短期中，他就會感覺脫離恐懼與精神的麻痺，對達成目標的能力增強，且悲心也將大增。如果行者修文殊菩薩法門，最終他將達到證悟，但在短時間內，他將感受智力、洞察力與智慧的增長。假如行者修藥師佛，他終究將會達到證悟，同時會感到對自己或他人的治療能力增加，並且減少身心方面的疾病或痛苦。不論我們是否有很強烈的動機要開悟成佛，大家都會想要達到這類特定的目標，因此很多人樂於修本尊法。

金剛乘將證悟視為道路，而不只是目標

然而，本尊法的修持只是修觀（洞察）的另一種形式。當我們專注於禪修本尊時，當我們觀想本尊的造形、服飾、珠寶、手持的法器、頭冠、法座，以及屬於本尊的其他物件時；當我們觀想本尊的侍者、周圍的環境，以及本尊內在的壇城（mandala）⑩時，也是在培養靜定。當行者明瞭他所觀的一切只是空相時，也就是培養了他的洞察力。但是，因為禪觀本尊與自己的根本上師合一，也可以立即將行者與空明光性相連接，而空明光性是本尊、上師、傳承以及行者本身的本質。若以這種方式修靜定，清淨阻礙洞察力的精神染污，較之一般對俗世的對象如呼吸、花或蠟燭進行禪觀的力量，不知要大多少倍。我們禪觀的形象如果是虛構的，它們的空性比起像傑弗遜紀念堂或華盛頓紀念碑之類的實物，必然要顯而易見得多。

因為金剛乘的特別之處在於將證悟視為道路，而不僅僅是目標，因而使這一切成為可能。任何一種法的傳授與學習，都需要經過下列三個步驟：⑴灌頂（abhisheka，也就是賦予能力或入門的引導），使意識連續體成熟；⑵口傳，唸誦法本，授予口傳，以支持弟子的修行；⑶開示（tri）──教授、講解並加以指導，使得解脫。弟子透過上師與傳承的傳授得到啟發，而被直接連接到證悟的狀態。因此，當弟子修法時，或只是心中想到開示、口傳與灌頂，他立即與最根本的慈悲覺知重新連接；這種不斷的重新連接，即是修行者的道路，使他得以快速地清除精神的污染，並且快速地積聚福德與智慧。認識這種一脈相承的關係，就是揭開了自己的智慧；如果未被認出，它仍如一粒種子存在於行者的意識連續體中，視機緣而逐漸成熟，其中主要的機緣便是精進修行的堅定毅力。

關於本書

本書對於藥師佛法的講授，首先介紹一種藥師佛法儀軌的修習次第，是藏傳佛教噶舉派（kagyu lineage）⑪及其他各派普遍使用的。這並非唯一的藥師佛法，而是比較簡短易修的一種。創古仁波切在這部分的開示，不但闡明此一特殊修法的細節，同時也涉及一般性的密續（tantric）⑫理論與修習的基本原則：例如本尊與佛土的概念、三昧耶尊與智慧尊的原理、放射與聚集的原理、咒語的意義、以獻供培養美德等等。對於修

習任何一種金剛乘佛法的人來說，此一開示對於了解密續禪定與修習的基礎，都是非常有幫助的，它的確是內容豐富的精彩解說。

在講授藥師佛法修持儀軌的次第之後，創古仁波切接著介紹釋迦牟尼佛開示的藥師佛十二大願，那是《藥師佛經》（*Sutra of the Medicine Buddha*）⑬中的一部分。

在這部分的開示中，創古仁波切首先講解十二大願，包括聽聞、憶念、持誦藥師佛名號的利益。在十二大願中，有些是特別針對佛法之道所發的，不過我們發現，其中也有許多與世界各地不斷進步的社會與政治活動，以及人道主義活動的訴求雷同。由釋迦牟尼佛敘述的藥師佛大願，其中包括誓願一切眾生得免於身體的缺陷與不完美；免於痛苦與傷害；免於任何對他人的偏見，以及因這類偏見而引起的困難，特別是種族偏見、種族歧視與種族壓迫；免於衝突與戰爭，以及免於引發衝突與戰爭的各種謬見與誤解；免於被暴虐、專制的統治者用恐怖、酷刑、體罰、監禁與欺詐的手段壓迫他們；祈願他們免於受到行動與言論自由的限制；免於飢渴；免於各種貧窮及其所導致的後果。任何對這些價值與願望有強烈認同感的人，都將適時地發現修藥師佛法的珍貴價值與效用。經過努力不懈的修習，修法者與周遭的人逐漸在勇氣、力量、權力、能力，以及達成這些誓願的資源方面，都將與日俱增。正如一則古老的東印度格言所說的：

如果你種下一個念頭，你收穫一個行爲。

如果你種下一個行爲，你收穫一個習慣。

如果你種下一個習慣，你收穫一個性格。

而如果你種下一個性格，你收穫一個命運。

此外，在這個部分，創古仁波切也開示了極爲有趣的法
教：金剛乘佛教中本尊的意義、四魔的特性和在修行之道上障
礙的超越，以及良好動機的四種性質。此外，仁波切也對儀軌
中所使用的手印（mudras）或儀式性的手勢，加以描述並解釋。

創古仁波切的開示也包括對於五佛的五種智慧之清晰解
說，他將之描述爲內在覺知的五個面向或佛的智慧的五個面向。

讀者可能會注意到，在這部儀軌中出現的本尊都是男性，
請不要據此以爲這是密續壇城的典型。有些壇城如觀世音菩
薩、金剛瑜伽母與施身法（Chöd）⑭的壇城，其中的本尊全部
或幾乎全部是女性；另外，也有些男、女本尊的數目相當，或
者偏向男性本尊或女性本尊較多。

若有讀者想在居住地附近找一個可以修行藥師佛法的佛法
中心，可以到www.kagyu.com或www.kagyu.org網站查詢所列
的各中心名單。如果上網搜尋「藥師佛」（Medicine
Buddha），也可以找到更多這類的佛法中心及修法團體。

致謝

我們願向偉大的創古仁波切致上誠摯的感謝，他特有的親切、慈悲、清明與智慧，充滿書頁的字裡行間。能夠遇到一位如此不尋常的上師，並且有幸替他工作，接受他深奧的法教，委實太難能可貴了。對於他令人讚嘆的特質，以及他對人類及其他眾生無我的奉獻，在此無需贅言，因為創古仁波切已舉世聞名；同時，我確定他的聲名也遠播至無盡的佛土。

我們也要向不斷精益求精的譯者耶喜嘉措喇嘛（Lama Yeshe Gyamtso）致謝。由於他多年閉關修持的準備工夫，使他在一般性佛法及噶舉傳承法教的翻譯工作上，已躋身舉世最傑出的譯者之列。我們特別要感謝他翻譯創古仁波切的開示。

我們還要感謝《Shenpen Ösel》的編輯人員在籌備本書的出版上大力協助：Rose Peeps、Linda Lewis與Mark Voss在編輯方面的協助；Glen Avantaggio與Chris Payne的錄音，Rose Peeps將之謄寫；以及Don Lashley、Isaac Stephens、Jan Gunn、Marcia Glover、Daniel Talsky、Elizabeth Talsky、Zach Ferdana、Julia Hunt、Dan Miller、Mark Suver、Rose Mesec、Katia Roberts、Deirdre Elizabeth、Mark Voss，以及眾多噶舉利他光明法苑（Kagyu Shenpen Ösel Chöling）的成員們提供這次閉關的支援。我們也要多謝西雅圖香巴拉中心（Seattle Shambhala Center）和西雅圖噶舉三乘法苑（Seattle Kagyu Thegsum Chöling）各位友人的協助。而且，我們要多謝

Richard和Rose Peeps，爲整理出版開示資料的喇嘛們準備了舒
適的住處。

最後，我們要感謝雪獅出版社（Snow Lion Publications）
的Sidney Piburn、Jeff Cox與Richard Farkas，因爲他們熱情的
協助，使這本法教得以付梓面世。

譯　註

① 金剛乘（vajrayana）：一般又稱為密宗或真言宗，是金剛不壞的傳承之意，主張
身、語、意三密加持，可即身成佛。

② 勝義諦（ultimate truth）：指超越世間一般真理的最真實道理。世俗諦（relative
truth）：指一般世俗的道理。

③ 轉法輪（turning of the wheel of dharma）：輪是形容印度古代足以粉碎敵人的戰
車，以轉法輪來比喻佛陀說法教化眾生，也足以破碎眾生的迷惑。

④ 第八地（the eighth bhumi）：地是指菩薩修行的不同階段和境界，一般可分為十
個階段。其中第八地稱為不動地，菩薩修行到了這個階段，就能夠不為名利所
動，煩惱不再出現。

⑤ 第二聖諦（Second Noble Truth）：就是指苦、集、滅、道四聖諦中的第二聖諦—
—集諦。集，是招聚的意思；集諦，就是關於苦之生起或根源的真諦。

⑥ 巴利文（Pali）：根據近代學者研究的結果，巴利文是來自古印度西部和中西部的
地方語，也是現今南傳佛教經典所使用的語言。

⑦ 金剛瑜伽母（Vajrayogini）：上樂金剛是噶舉派的父續（男性）本尊之首，金剛
亥母則為母續（女性）本尊之首。金剛亥母為上樂金剛的明妃，身紅色、頂有豬
首；當其以頂無亥首的形式顯現時，即等同於金剛瑜伽母。金剛瑜伽母多見於噶
舉、薩迦、格魯派的修持儀軌。

　　度母（Tara）：又名救度母，是藏傳佛教特有的本尊，也是觀世音菩薩的化身
之一，能以二十一種形象出現於世人前面，如綠度母、白度母等。

　　金剛持（Vajradhara）：金剛代表最高成佛所證悟的不變性，持則意為掌握或持有。在藏傳佛教中，金剛持代表根本的證悟境界，也代表佛的一切化身，所以，如五方佛和金剛薩埵等，都是金剛持之一。

　　金剛薩埵（Vajrasattva）：薩埵是勇猛、有情的意思，金剛薩埵象徵「堅固不壞之菩提心」與「煩惱即菩提之妙理」。據說，藏傳佛教的傳承就是由大日如來傳給金剛薩埵，再傳至人間的。

⑧ 蓮華生大士（Guru Rinpoche）：是將佛教由印度傳至西藏的偉大上師，西元八世紀時由赤松德贊王迎請至西藏，對藏傳佛教有重要的影響。

⑨ 大手印（mahamudra）或大圓滿（dzogchen）：指藏傳佛教中解脫輪迴的最高見地法門。

⑩ 壇城（mandala）：又作曼荼羅、曼達或曼陀羅，常被認為是本尊、眷屬和其境界，觀想有排列整齊的人物和具象徵意義的物質，呈幾何分布於一廣大圓形中。藏文的字義為「中央和外圍」，外相上指位於壇城中央的主尊和其周繞的眷屬；內義指不變自性和涵攝的萬象。

⑪ 噶舉派（kagyu lineage）：十一世紀形成的藏傳佛教派別，為四大教派之一。其傳承由那洛巴、帝洛巴、瑪爾巴、密勒日巴傳至西藏。「噶舉」為口傳之意，所以，本派傳承重師徒口頭傳授，而不重經典和理論。由於噶舉派的寺廟喜塗白色，僧眾修法時穿白袍，因此外界以「白教」相稱。噶舉派最有聲望的活佛是噶瑪巴或稱大寶法王，也是西藏活佛轉世制度的開創者。

⑫ 密續（tantric）：指藏傳佛教的佛陀教法傳承。

⑬ 《藥師佛經》（*Sutra of the Medicine Buddha*）：在本書中，創古仁波切提到關於藥師佛的經典有三種，一是佛陀談及藥師佛主尊及其十二大願的經典，中譯本有隋達摩笈多譯《佛說藥師如來本願經》、唐玄奘譯《藥師琉璃光如來本願功德經》等版本。另一部經是有關主尊藥師佛以及其他協侍七尊藥師佛的經典，中譯本為唐淨義譯《藥師琉璃光七佛本願功德經》。第三部經很短，是記載各藥師佛的咒語（可參見本書第39頁、第152頁）。在此，創古仁波切所談的《藥師佛經》，主要是指第一種，也就是論及藥師佛十二大願的這部經，本書將以唐玄奘法師的譯本為根據，附於＜第四部＞供讀者參考。

⑭ 施身法（Chöd）：就是將我們的身體、業障變成甘露，上供諸佛菩薩，下布施四魔及眾生。施身法可以培養般若智慧，把所有起惑造業、流轉輪迴根源的煩惱一併斷除。

第一部

如何修持藥師佛儀軌

1 觀想的功用

尊貴的堪千創古仁波切於1999年6月，在美國華盛頓州的喀斯開山區（Cascade Mountains）曾指導爲期八天的閉關，教授藥師佛的修持儀軌與《藥師佛經》。仁波切以藏文講授，由耶喜嘉措喇嘛口譯爲英語，以下是經過編輯後的內容。

祈請文

首先，我要歡迎大家來到這裡，並且感謝大家的前來。我非常高興有這個機會與各位會面，一起研究藥師佛法、討論佛法。照例，我們要以唸誦傳承的祈請文爲開端。請各位在唸誦的時候，對傳承的根本上師與其他諸位上師，如金剛持、帝洛巴（Tilopa）①、那洛巴（Naropa）②等，升起強烈的虔敬心。

〔誦傳承祈請文。〕

發菩提心以利益自己與他人

首先，爲了適當地聽聞法教，請生起菩提心，這在修法時通常都是必要的，尤其是像修藥師佛這樣的法。在聽法時，請

想著你是爲了眾生的最大利益而聽法，並且要爲他們而修法。

　　我們可能認爲，要修習藥師佛法的發心與發菩提心，似乎在根本上有矛盾，因爲修藥師佛是爲了有益自己的身體，而發菩提心是爲了利益眾生。然而，事實上並無矛盾之處，因爲如果要有效地利益眾生，我們需要成就極上乘的三摩地（samadhi）③或甚深禪定；而要達到此一境地，以及由之而帶來的慧見與了悟，我們需要穩定的修持。要做到穩定而深入的修持，需要我們的身心健康或舒適，因爲唯有身體舒適、精神暢快，我們才能去除精進修行和培養專注禪定的障礙。因此，我們修藥師佛法以期達到身、心健康或平衡的狀態，並非只爲個人的利益，同時也是爲了利益他人。

　　所以，你發心要修藥師佛法，與修習一般佛法的發心，也沒有矛盾之處。我們修習佛法是爲了成佛，而修藥師佛法也是爲了達到相同的目的。或許，我們特別是爲了此生達到身、心的健康而修法，但是，以這種方式修藥師佛法，並沒有將我們的動機真正局限在獲得自身的健康而已，因爲藉由修法，我們可以爲自己及他人成就更大的利益，我們可以成功地完成佛法的修持，達到證悟。

　　此外，修藥師佛法非但可使我們今生獲得健康，同時可使我們在往後的各個來生當中，也持續地得到藥師佛的加持。透過修藥師佛法的次第——生起次第與圓滿次第（the generation stage and the completion stage）④，我們不單本身獲益，確實也培養了利益他人的潛能；並且，我們的修法也降福給周遭的環

境，以及其間所有的眾生。

修藥師佛法對身心皆有益

　　修藥師佛法基本上是一種精神的修習，亦即禪定的修習。
或許你會覺得奇怪，你在做的主要是心方面的活動，何以會影
響到身體？修藥師佛如何能保持身體的健康或減輕身體的病
痛？你或許以為身與心根本是兩回事，因此禪修無法影響到我
們的身體。事實上，我們的身體與心是互相緊密連接的，身體
支持著心或說身體是心的容器，而身體也以心為基礎或受到心
的支持。因此，禪修確能影響你的身體與健康狀況。明確地
說，在修藥師佛法時，我們不但觀想藥師佛在面前，同時觀想
自己的身體即是藥師佛的身體。此外，還有其他的觀想及持咒
等等，或許原本看似只會影響到心，而終究也會影響到身體。

　　基本上，我們是在用心修法，而修藥師佛法的確對心與身
皆有裨益。如一般所教授的，我們的心智包含八種識（eight
different consciousnesses）⑤或知覺功能，它們之所以能夠發揮
功用，就在於身心之間的關連。譬如八識當中的眼識，視覺的
識，它是三種東西的作用：它的對象，那是可見的形象；器官
的支持，做為視覺器官的眼睛；還有眼識，那是與此二物相關
連的心智作用。這裡的重點是，眼識不可能在沒有對象與器官
的支持下獨自產生，它之所以產生，是因為有器官的支持，才
能夠察覺到適當的物體——在這個例子裡是指可見的形象。因

此，因爲物體、器官與眼識三者之間如此緊密地相關並相繫，其中任何一者的轉變，都必然會影響到另二者的樣貌與狀態。所以，當一個物體有所改變時，會藉由器官影響到眼識；而當器官改變時，則會影響到眼識，以至於所見的物體也會改變；同樣地，當眼識發生變化時，像是透過禪修，也會影響到對物體的感覺與器官本身。

依此類推，我們其他的感覺，也是因爲其他的識與其所對應的物體及器官之間的連接而產生的。靠著我們的耳朵，產生所謂的耳識或聽力，感受到與它相應的物體，也就是可以聽見的聲波；靠著鼻子，產生鼻識，可以嗅到氣味；靠我們的舌頭，產生舌識而可以嚐味；此外，靠我們的身體和它的神經系統產生身識，可以測知或體驗到接觸的感覺。所有的識皆由於外物的存在，透過相對應的器官所引發。有時，它們是根據器官本身所經驗的感覺而產生，但是無論如何，我們經驗到五種感官的覺受，都是器官感知外物所起的作用而產生的適當的識。因爲識遍及對外物的經驗及器官本身的經驗，因此如果識被轉化，或一個人所經驗的知覺方式被轉化爲純淨的呈現時，則物體與器官本身的呈現也將變爲純潔或神聖的。這類的禪修即是以此種方式，不但可以利益我們的心，同時也能幫助我們的身。

修習佛法可以去除我執

除了五種感官的識之外，第六識是意識，也是與身體的經

驗連結。但根據阿毗達磨（abhidharma）⑥，意識並不像前述的五識那樣，需要依賴一個特定的身體器官來支持。引起意識升起的條件是它本身的前一刻。一般來說，意識的升起，在某種程度上，依賴身體的感覺所造成的印象。因此我們可以說，意識器官的間接支持，是所有與感官經驗有關的識所產生的動量。然而，意識本身產生並感受我們所知的各式各樣情感與思維，像貪戀、厭惡、迷惑、冷漠、傲慢、嫉妒、喜樂之感、悲痛之感、信仰與慈悲的感受等等；所有這些不同的情感狀態，以及與之相連的念頭，都是意識的不同經驗。當這些念頭與情感通過我們的心時，會改變並影響意識本身；非但如此，它們也會影響到感官性的五識。譬如，當你在悲傷的時候看到某件東西，你感覺它看起來悲傷或令人不快；但是，在你快樂的時候看見同一件東西，卻覺得它很可愛；如果你在生氣的時候看到它，同一件東西看起來又不一樣了。這是一個非常簡單的例子，可以說明特別的意識與一般的心，如何影響我們對物體的感覺經驗、感官性的識，以及感覺器官本身。

在八識當中，我們經驗裡最明顯的，即是這六識或六種功能：五種感官的識，加上意識。此外，還有另外兩種心的功能，稱為安定的識或潛在的識，它們是微細的精神痛苦的第七識，與被稱為藏識（all-basis）⑦的第八識。第七識是精神痛苦的根源，它指的是基本上誤認自我的存在，以及對自我的執著。此一執著即是輪迴的根，但是，它本身並不是不善或負面的，它在道德上是中性的；不過，因為它是無明，而且是更多

無明之源，因此，排除這個執著被認為是最基本、也最重要的
工作。事實上，我們可以說，佛法的教導主要即是教我們如何
去除這項對自我的執著，這就是佛法對無我、空性等禪修特別
重視的原因。透過這些禪修，我們可以了悟無我，解脫一切煩
惱，進而達到證悟。

　　然而，無我的禪修，特別是針對個人不真實存在的自我禪
修（the meditation upon selflessness）❶，並不是要我們想像或
說服自己我們什麼都不是；特別是在密續生起次第的觀想修習
中所做的無我禪修，是以其他的東西代替你對自己堅實存在的
感覺。在修藥師佛法的時候，你要去除這樣的想法：「我是
我，我是我自以為是的那個人」，而以「我是藥師佛」來取
代。禪修的主要方法包括：想像自己是藥師佛、相信自己是藥
師佛，以自己是藥師佛的想法代替自己是自己的想法，你逐漸
可以抵銷並去除對自我的執著。當我執被排除之後，第七識的
力量就被削弱了，煩惱與精神上的痛苦也跟著逐漸減輕，這會
令你感到身心愈來愈健康暢快。

　　第八識是藏識，因為它是所有好習慣與壞習慣滋長的土
地。我們對事物有怎樣的感受，是由自己累積的習慣所決定
的。如果我們累積好習慣，就會有正面的感受；如果累積壞習
慣，則有負面的感受。我們之所以沈淪在輪迴中的主要原因，
是我們累積的壞習慣，其中有些毒性較其他的毒性更強。使我
們脫離輪迴苦海的過程，包括逐漸減輕我們的壞習慣而加強好
習慣。例如，在我們開始修藥師佛法時，對於自己是藥師佛可

說絲毫沒有信心。我們有一個很強的壞習慣，就是認定自己是誰就是誰；但是，透過正確的方法與態度，設想自己具有藥師佛的身、語、意，以及他的特質與加持，我們這些內在的自然美德就會增長。

觀想自己為本尊

金剛乘主要的修行方式包括生起次第，就是將自己當作一位本尊的修習。從一般的觀點來看，可能會認為這沒有什麼用處。我們可能會想：「我不是什麼本尊，假裝自己是本尊又有什麼用？」然而事實上，不純淨的認知是輪迴的根。將自己當成是本尊，可以逐漸淨化、減弱或去除那種不純淨認知的惡習，而代之以純淨觀念的好習慣。基於這個理由，我們才將觀想自己為本尊視為非常重要。

在多數宗教傳統中，凡是想到傳統中的神祇，都把神祇想成在自己面前。觀想神祇出現在面前，然後我們向他禱告，希望藉此可以得到神祇的加持，而獲得某方面的利益。然而，在金剛乘傳統中，我們認為本尊的加持力及特性是每個人本具的，存在於每個人的心智當中。我們心中本具的本尊的智慧與福德，叫做「空智合一」。誠然，當我們觀察自己的心時，的確看到自己有煩惱、妄想，有各式各樣的痛苦與難題，但同時，我們也總是具有可以超越的潛能。我們之所以本具這種潛能，是因為心的本質以及由心所生之一切的本質是空性。不論

任何事物通過你的心，你的心永遠是無限的虛空。

我們的心之所以本具潛能，就因為心是空的這項事實。因為我們的心是空的，所以一切難題、痛苦以及瑕疵，才得以自心中排除或淨化，因為它們也是空的。心的空性並不是絕對的空無所有，那不是靜態、死寂或中性的空，因為如果空性的確是心的本質，那麼，空性應該是智慧——那是產生一切性質的本具潛能。在佛教的經典中，稱這種本具的潛能為「佛性」。

在密續佛法中，透過修持來處理我們生活境況的步驟是：首先，認識自己的基本性質是那個潛能，是佛性，然後將自己當成本尊，來對存在於我們之內的本尊進行禪修。本尊的形狀是潛能的化身或呈現，是存在於我們之內的空性與智慧的結合。透過將自己視為本尊，我們得以使缺陷逐漸消除，讓真性逐漸顯露。觀想的主要方法是將自己觀想為本尊，因為那個可以超越問題的潛能，是我們固有的，而非外在的。因此，我們對本尊的主要禪修是本尊在自身的生起，亦即觀想自己為本尊。

藥師佛的初發心是要解脫眾生的痛苦

如果你問，這是否是對本尊禪修的唯一方式，答案是否定的。我們也會觀想本尊在我們面前。在佛教的共法傳統（common tradition）❷中，像在上座部（Theravadin tradition）⑧的經典中可以找到的（我不懂巴利文，但讀過藏文的譯著），我們發現，佛陀詳細地說明沒有外界的神祇可以依賴，基本上，修

行之道是為了消除個人本身的煩惱，藉此終究可以證得無漏阿羅漢果（arhat or arhati without remainder）⑨。因此，在小乘佛法的經典中，解脫的狀態被描述為斷除煩惱、貪著，解脫一切限制，而並非特別具足永久的智慧。

然而，在大乘佛法的經典，尤其是金剛乘的法教中，很清楚地教導我們：一旦一個人達到圓滿解脫，開悟成佛，他不是變成什麼都沒有。淨化的過程最終展現的，亦即留下來的，是恆久的智慧，它的性質是非概念性的慈悲。成佛以及成佛之路，真正是以發菩提心為起點，菩提心就是為使眾生皆臻佛境而成佛的願心。因為以菩提心為出發點步上佛道，而最終成佛時，佛道之果自然是自發的、不偏頗的、非概念性的慈悲。因此，我們認為佛有回應眾生需要的知覺力，所以，佛對我們的祝禱與祈請是開放的，是可以接聽到的。因此，我們主要觀想自己是本尊，但有時也觀想本尊在我們面前。

除了觀想我們自己是本尊之外，輔助的觀想是，想像真正智慧的本尊一再融入我們的身體，使我們得到加持。有時，我們觀想本尊和我們是分開的，他在我們面前，從他心中放出來的光，將我們團團罩住，給予我們加持；有時，我們觀想本尊放出的光，包含著他的加持照射到所有眾生，解除他們的障礙，增添他們的壽命、智慧等等。所有這些觀想的方法，都是為了生起諸佛的慈悲，使我們以及所有眾生得到他們的加持。

所有用於禪修中的本尊與神祇，都具有相同的基本性質，並且是無比純淨的；不過，他們會示現不同的法相，來反映他

們所代表與從事的活動。不同的活動主要決定於在他們初發菩
提心時所立的誓願。譬如，藥師佛曾立下各種誓願，觀世音菩
薩亦復如此。本尊呈現各種不同的法相，主要就是爲了這個原
因——有時現男身主要代表方便；有時現女身主要代表智慧；
有時現寂靜相、有時現忿怒相等等。至於藥師佛，從他初發菩
提心，並步上佛道開始，直到最後成就佛果，主要的動機是爲
解脫一切眾生的痛苦，特別是由五大元素的失衡所導致的身體
與精神方面的痛苦，也就是我們所稱的身體及精神上的疾病。
這是他歷經三期無數劫的根本動機與誓願，在這期間，他累積
無量的功德與智慧，終至證得佛果，成爲藥師佛。因此，做爲
藥師佛，他具有超凡的能力，並忙於神奇的醫療活動。不論你
是透過觀想自己是藥師佛而治病，或者你觀想藥師佛在你面
前，而生起他的慈悲來治病，修藥師佛法對於去除疾病都是極
爲有效的。

傳法的步驟

　　藥師佛修法源自於非共法的金剛乘傳統，因此，它的傳法
需要經過三個步驟：灌頂（empowerment）使成熟、教授
（instruction）使辨明、口傳（reading transmission）給予支
持。灌頂的功用是經由正式的灌頂儀式，引導你進入修法和觀
想等修法的過程。教授的作用是使你辨明，詳細地告訴你要如
何去做——用身體做什麼、用語言說什麼，以及用心想什麼，

使你完全明瞭如何修法。口傳是對你的支持，將傳承的加持以聲音的形式傳遞給你，來祝福你的修法。因爲傳承是將法教以聲音口口相傳延續下來的，接受口傳時，你只需注意聽聲音，並想著是在接受傳承的加持即可。

我今天要傳授藥師佛法的口傳（藏文 lung），星期日再授予灌頂。關於灌頂，你們應該了解，藥師佛法並不只是金剛乘所修的法。像修大手印，就是金剛乘（密續）與經乘的結合。譬如，我們可以說大手印主要是金剛乘所教的，但是在某些經中也可以找到它，如《三昧王經》（Samadhiraja Sutra）等。同樣地，藥師佛的修法，是結合了佛陀在《藥師佛經》和各密續中有關藥師佛的教導而成。因爲它與金剛乘有關，所以，能夠接受灌頂來加強修法最爲適宜；但由於它也與經乘有關，所以也容許不接受灌頂。你們今天接受口傳時，不需做任何觀想，只要想著，當聽到我所唸字句的聲音時，你就能接收到傳承對這項修法的加持。

〔仁波切授予口傳。〕

爲了幫助你們在修法時做觀想，我要給各位每人一張藥師佛的小像。請各位過來領取。

〔仁波切發給大家佛像。〕

原 註 ....

❶ 無我的禪修（the meditation upon selflessness）：傳統上，無我的禪修可以分為了解自我（也就是我們通常所認為的自己）的不真實存在，以及現象的不真實存在。

❷ 共法傳統（common tradition）：「共法傳統」是指所有佛教傳統共同奉持的法教，也就是追求個人解脫的小乘佛法之法教。

譯 註 ....

① 帝洛巴（Tilopa, 988-1069）：出生於印度東孟加拉邦的婆羅門種姓，是藏傳佛教噶舉派的第一代祖師，著名的大手印傳承就是由帝洛巴所傳下的。

② 那洛巴（Naropa, 1016-1100）：出生於印度孟加拉邦的王室之家，幼年即在家修行，後來皈依帝洛巴，並獲得帝洛巴的傳承。

③ 三摩地（samadhi）：又稱為「三昧」，也就是正定的意思，即遠離昏沈、心念專注的精神作用。

④ 生起次第與圓滿次第（the generation stage and the completion stage）：生起次第是真正進入藏傳佛教修持法門的實修起點，從觀想入手，從無至有生起各種修行作用。圓滿次第是藏傳佛教最上乘的修行方法，必須以生起次第為基礎，才能進入圓滿次第的修行境界。主要是修持空觀，藉著空觀智慧掃蕩一切妄執。

⑤ 八種識（eight different consciousnesses）：即八識，眼、耳、鼻、舌、身、意、末那識和阿賴耶識。

⑥ 阿毗達磨（abhidharma）：指論藏，屬於經、律、論三藏之一，包含所有解釋、闡述、研究佛陀教法或律典的著作。

⑦ 第七識就是末那識，是我執的根本。第八識就是阿賴耶識，又稱為藏識，因為此識是宇宙萬有之本，含藏萬有。

⑧ 上座部（Theravadin tradition）：早期印度佛教在佛陀滅度後，由於對於教義的不同見解，分裂為上座和大眾兩個派系。上座部是屬於嚴謹保守的派系，堅持原始佛教的傳統，其三藏典籍和重要著作是以巴利文撰述的；後來由印度傳入錫蘭等地，盛行於東南亞一帶，成為現今的南傳佛教傳承。

⑨ 無漏阿羅漢果（arhat or arhati without remainder）：阿羅漢是指斷盡煩惱，足以受世間供養的聖者。一般也用來指稱小乘佛教中的最高修行境界。漏，是指漏失功德，也就是煩惱；一旦能夠斷除一切煩惱，就是到達無漏的境界。所以，無漏境界就是用來形容阿羅漢所證悟的境界。

2 藥師佛儀軌的前行

祈請藥師佛

我們現在開始仔細地研究儀軌法本，亦即修法的禮拜儀式，使你們了解如何修法。各位可能已經注意到，藥師佛修法的第一部分是對傳承的祈請文，其中包括對藥師佛主尊、七尊伴隨的藥師佛、十六位菩薩，以及藥師佛法教的持有者與弘法者等的祈請。修法以唸誦祈請文做為開端，其目的是希望藉由各位對諸佛及傳承的信仰與虔敬的力量，自修法開始時，即求得藥師佛的加持。

祈請文的開始是一句梵文：

拿麼　貝卡則　瑪哈　局紮耶
（NAMO BAKENDZE MAHA RADZAYE）

這句話的意思是：「向大醫王佛致敬禮。」這句向大醫王佛致敬的話之所以用梵文唸誦，原因是金剛乘以及一般佛法的法教——釋迦牟尼佛在原始的經典與密續中的教說，起初主要都是使用梵文的；並且，印度的大成就者、菩薩及聲聞們也主要以梵文做為說法的語言。因此，為了保持與傳統根源的連繫，同時因為梵文本身即具有強大的加持力，所以，我們以梵

文做祈請文的首句，隨後的主要內容則是使用藏文。

　　祈請文的第一節是對主尊藥師佛的祈請。那是依據記錄在藥師佛經中，釋迦牟尼佛說明藥師佛學佛的動機及所立的誓願❶。

　　圓具福德大海寶藏者，
　　您以無比大悲加持力，
　　平息眾生痛苦與憂傷，
　　藥師琉璃光佛我祈請。

　　這一節的意思是：因為藥師佛的發心及誓願的特殊性質，使他迅速地積聚了大量功德，因此，他在修行以至最後成就佛果的過程中，獲得無量證悟的珍寶。由於他慈悲的動機，以及證悟的殊勝特質，使他具足不可思議的加持力；再加上他的發心與本願，使他致力於為眾生解除病苦的志業。所以，我們在唸誦祈請文的開始，稱他為琉璃光佛。

　　第二節仍然是對藥師佛的祈請，是接續第一節的。在第一節，主要是讚嘆藥師佛由於殊勝的發心與誓願，而具足圓滿功德與特質。因為他在生起菩提心時，曾立下十二大願，第二節開始敘述與他的誓願有關的持藥師佛名號之利益。

　　受到極端吝嗇束縛之
　　投生餓鬼道之諸眾生，
　　若聞您名轉生樂施人，
　　世尊藥師如來我祈請。

　　持藥師佛名號或憶念藥師佛名號的意思是，將藥師佛的名號以信仰、虔敬藥師佛的態度放在心上。第二節說到，即使某人因強烈的貪念，而注定投生餓鬼道時，如果他聽到藥師佛的名號，將投生為一個以布施為樂的人。在此，我們以藥師佛名號的加持力向他祈請。

　　下一節告訴我們，持藥師佛名號與聽聞其名號，可帶來的第二項利益。

　　　違犯戒律樂於毀他人，
　　　因之投生地獄之眾生，
　　　若聞您名說能生善道，
　　　至尊藥王如來我祈請。

　　違反道德承諾與傷害、欺侮他人者將投生於地獄道，這是指那些無意遵守所受佛戒的人，以及對利他無興趣，而只熱衷於傷害他人的人。然而，即使是這種人聽到藥師佛的名號，他們也將投生於善道。只因聽聞藥師佛名號，將喚醒他們內在的美善潛能，使他們逐漸對正當行為與利益他人發生興趣。因為改變行徑，使他們免於墮入地獄道。

　　下一節描述持藥師佛名號或聽聞其名號的第三項利益。

　　　一切挑撥離間與兩舌，
　　　造成嚴重分裂喪性命，
　　　若聞您名彼等盡不害，

至尊藥王如來我祈請。

那些天生善妒、好勝或傲慢的人，會發現自己總是想挑起
爭端；當他們見到別人友善而和睦相處時，會自動地設法引起
爭執；他會在和諧中或有爭議時製造分裂，即使因此犧牲自己
或他人的生命也在所不惜。即使如此善妒、好勝且傲慢的人，
當他們聽到藥師佛的名號時，也無法再繼續作惡。無法作惡的
意思是，他們的心性與態度會改變，他們將不再善妒、傲慢，
他們會逐漸發現自己不願也無法故意再去做傷害他人的事。

祈請藥師佛壇城及一切上師

以藥師佛為主的經典共有兩部。一部是《藥師佛經》，那
是有關藥師佛主尊、他的十二大誓願，以及持藥師佛名號的利
益。第二部是《八大藥師佛經》（*Sutra of the Eight Medicine
Buddhas*）或《藥師昆仲八佛經》（*Sutra of the Eight Medicine
Buddha Brothers*）。在此經中提到的是，主尊藥師琉璃光佛及
他的協侍七佛。

下一節祈請文，是針對另外七尊藥師佛的祈請。他們各有
自己的誓願，有的發八願、有的發四願。而持他們的名號，也
會帶來與持主尊藥師佛名號同樣的利益。

善名稱與金寶光妙行，
無憂最勝法海雷音尊，

　　勝慧神通王與威音王，

　　釋迦國王等眾我祈請。

　　這七位藥師佛的名號分別為：善名稱吉祥王如來、金色寶光妙行成就如來、無憂最勝吉祥如來、法海雷音如來、法海勝慧遊戲神通如來、寶月蓮花智嚴威音王如來，以及威勝釋迦牟尼如來。

　　再下一節，是對藥師佛壇城中其他諸佛、菩薩及護法眾的祈請。他們的名號並沒有一一列出，但是會提到每一組，並列出其中幾位的名號。

　　文殊救脫金剛手菩薩，

　　梵天帝釋四方四天王，

　　十二護法藥叉大將等，

　　壇城善妙圓滿誠祈請。

　　在八大藥師佛之後出現的第一組是十六菩薩眾。其中有三位的名號被提及：文殊師利（Manjushri）、救脫菩薩（Kyabdröl）①與金剛手菩薩（Vajrapani）。其次是十位世間守護神，其中兩位被提到名字：梵天（Brahma）與帝釋天（Indra）。再次是四方的四大天王，他們也是守護神，在此沒有分別列名。最後是十二藥叉大將（twelve yaksha chieftains），也以全體提出。這節的最後一行註明，這是對藥師佛整座壇城的祈請。

　　至此，你已經向主尊藥師佛及協侍七佛祈請。這表示你已經向藥師佛的身及心祈請，剩下的是向藥師佛的語祈請；也就是在向諸佛與菩薩祈請之後，以下是向法祈請。

七眾如來發願之經典，
以及藥師如來之經典，
堪欽靜命所著典籍等，
正法經卷匯集誠祈請。

　　首先提到的是，釋迦牟尼佛所教授有關藥師佛的兩部經：《藥師琉璃光七佛本願功德經》（*Sutra of the Aspirations of the Seven Tathagathas*），指的是協侍的七尊佛；以及《藥師佛經》說的是主尊藥師佛。這一節也提到論（shastras）❷，那也是藥師佛傳統經典中的一部分。在此是以大論師堪欽靜命（Shantarakshita）②的論著為例，那是藥師佛修法最古老或最初始的來源之一。之後你唸誦：「正法經卷匯集誠祈請。」唸這一句的原因是，雖然一般佛法皆係以文字記述，但在此壇城經卷另具特殊意義。自身觀想時，你觀自身為藥師佛的身，這時只有藥師佛，不包括協侍七佛；而當觀想藥師佛在面前時，則包括藥師佛及環繞著他的整座壇城。在環繞著主尊藥師佛的最內圈，是另外七位藥師佛，加上經卷做為第八位協侍。在此祈請當中，你觀想藥師佛在你面前的空中，安坐在一朵盛開的八瓣蓮花中央，在周圍的蓮花瓣上，除了正對他的那一瓣外，其餘七瓣的每一瓣上各安坐一尊藥師佛。在正對他的那瓣蓮花

上，你觀想經卷典籍等代表藥師佛法的修法。

再下一節，是向這項修法的傳承祈請。

> 菩提薩埵赤松德贊等，
> 譯師學者王臣與菩薩，
> 所有正法傳承上師眾，
> 卻吉旺究聖眾誠祈請。

　　首先提到的是，最初將藥師佛傳統自印度引入西藏的各位大師們。所說的菩提薩埵（bodhisattva）③是指堪欽靜命，他將法教傳授給許多學生，其中包括接著提到的西藏大法王赤松德贊（Trisong Deutsen）④。其後是向所有使這個傳統經由翻譯、教授、註釋等，得以在西藏流傳的各位西藏譯師及印度大學者祈請。之後祈請的是所有此一傳統的繼承者，他們是化身為法王、部長等的菩薩們。最後，我們向此一傳承的所有上師祈請，特別是自己的根本上師。此一祈請文是由博學的大成就者噶瑪恰美仁波切（Karma Chagmey Rinpoche）⑤所撰寫，修法的部分大體上也是他所編輯，因此，他特別在此處提出他的根本上師之名卻吉旺究（Chökyi Wangchuk）⑥。

　　祈請文的最後一節，將祈請的力量獻給你希望達到的目標。

> 以此發願祈請加持力，
> 各種暫時病痛恐懼除，

死時惡道障難皆除滅，

投生極樂淨土祈加持。

第一句「以此發願祈請加持力」——意謂透過向八大藥師佛、諸菩薩、諸護法，以及傳承的所有上師虔誠的祈請——「希望在近期各種病痛恐懼除滅，而在死時，希望惡道障難皆除滅，之後請加持投生極樂淨土（Sukhavati）。」在此，你表達了短期與長期都受到庇佑，得以免除痛苦的願望。在短期內，你祈求不生病，不遭遇危險——在此生免於一切厄運。而長遠來說，你祈求不要投生於更惡劣的環境或惡道，而一旦墜落惡道的危險與恐懼消除之後，你祈求可以往生阿彌陀佛的淨土極樂世界。對傳承的祈請到此完成。

皈依與發菩提心

在向傳承祈請之後，接著是皈依與發菩提心，這在任何金剛乘的修法當中，都是必要的前行，各有其特定的作用。皈依的作用是防止你的修法步入歧途；而發菩提心的作用，是防止你的修法走上次等道路。在此，皈依與發菩提心，在下一節的四句中各占兩句。

禮敬三寶三根本，

皈依一切皈依處。

　　第一句指明**皈依**的兩個根源：三寶與三根本。三寶（the three jewels）──佛、法、僧──是共同的皈依根源❸：我們接受佛做我們的導師與模範；我們接受法做為我們的修行之道；我們接受僧做為修行之道上的同伴與嚮導。將三寶當作初始的皈依根源，使我們免於走錯路的可能性。

　　之後還有專屬於金剛乘的皈依根源：三根本──上師、本尊、護法。上師是加持的根本；本尊是成就的根本；護法是事業的根本。首先是上師，他們是加持的根本。加持指的是法的力量──法是有效的，它確實帶來法的效果。在修行當中，我們顯然需要有效用，需要獲得法的加持力量。當然，這種加持的起源是佛陀，他是這個特定的歷史時期第一位教授佛法的導師，可惜，我們此生無緣遇見佛，不能親耳聆聽佛陀說法。但是，我們確實有機會修習他的法教，並且能夠與親自跟隨他達到同樣的效果，因為他的法教之精髓與加持力一直由傳承接續不斷，始自佛陀本身，直到我們的根本上師。因此，就金剛乘而言，皈依的第一根源是根本上師與傳承上師，尤其是根本上師，他們是法的加持力之源。

　　金剛乘的第二個皈依根本是本尊，他們是成就或悉地（siddhi）⑦之源。雖然上師是法的加持力之源，但他無法直接把修持的成就交到你的手上，你本身的修持才是成就的根本。而你的修持是由本尊予以具體化，因為他們是修法的基礎。意思是說，你是透過使用觀想本尊的身，以及運用與那位本尊相關的生起和圓滿次第的法門，來達成修法的成就。藥師佛修法

的本尊即是藥師佛。你由將藥師佛的身當作自己的身，獲得與藥師佛相關的修法結果——包括疾病與其他諸痛苦的消除❹。之所以被稱爲本尊（yidam），字面上的意思是精神上的奉獻，代表爲了修法，你必須對修法的技術與方法有清楚的方向和深刻的專注。本尊的意義是，對於修習某一個特定的法，在金剛乘裡會有一位特定的本尊，你將本尊當成決心要修的法，以及修行選擇的方向。你是以「我要修這個法，我要成就這樣的結果」來觀想本尊。

　　金剛乘的第三個皈依根本是護法、保護者，他們是佛行事業的根本。佛行事業在此指的是，保護你的修法免於障礙，使你成功地完成修法，能夠有效地利益他人，達到修法的目的。這種保護主要來自於由特別的菩薩化身而成的護法，也有的情況是空行母（dakinis）❽。至於在藥師佛的例子裡，當佛陀講授藥師佛經的時候，有某些護法承諾要保護此一法教，以及所有修持此法的行者，連只持藥師佛名號的人也包括在內。這些護法都出現在壇城裡，計有十二藥叉大將、四大天王以及十位世間守護神等。於是，你皈依以佛爲導師，以佛法爲修行的道路，以僧爲道上的嚮導；此外，你皈依上師請求他們的加持，透過本尊得以成就，由護法與空行母加以保護。這即是所謂的皈依，旨在保護你的修行不致誤入歧途。

　　其次是**發菩提心**，它的作用是保護你的修行之道不會變成次等的道。

爲令眾生悉成佛，
今發殊勝菩提心。

　　當然，我們修行的最基本動機是爲了解除一切痛苦。要解
除痛苦的願望是好的，但是它往往太有限，也就是說，它有些
自私，氣量狹窄，目光欠宏遠。發菩提心的意義是，讓我們想
著一切眾生無例外地都和我們一樣希望得到幸福，他們盼望之
殷切也和我們無分軒輊。如果你將這個想法時時擺在心上，你
希望自己得到解脫的誓願，就會擴大爲誓願一切眾生皆獲得同
樣的解脫。這個誓願必須是長期性的，不只是誓願解除眾生的
某一種苦，或解除他們目前正在受的苦，或者是這一年內要受
的苦。因爲菩提心的誓願是最完滿、最廣大的動機，你所持的
態度必須是希望使一切眾生到達永遠脫離痛苦的境地。而你可
以使眾生永遠幸福的唯一辦法，就是使他們開悟成佛。因此，
終究唯有使眾生開悟，才能使他們不再繼續受苦，不開悟是不
可能永遠幸福的。如果你了解所有眾生都和我們一樣渴望幸
福，而任何人想要永遠幸福必須達到證悟的話，你的菩提心就
會自然地生起，那是要使每一個眾生都達到圓滿證悟的決心。
菩提心當然也包含在到達終極目標之前，盡一切所能提供其他
協助的誓願，因此，那是不限於任何特定形式的協助。

　　如果你的菩提心已經真正生起，你修行的動機將反映在你
的思想裡：「我修行是爲了使一切眾生皆達到證悟；我修行，
不只是因爲我害怕痛苦，或是我想保護某幾個人免受痛苦，或

希望所有的人不受某些苦。」如此一來，你修藥師佛法的動機就會變爲菩提心，而你的態度是：「爲使一切眾生證悟成佛，我必須修成像藥師佛一樣才可能辦到，因爲照我目前的狀況，並無法有效地保護或利益他人。」

加持道場與用物

在皈依及發菩提心後，接著是**對修法道場與用物的加持**。

> 從本淨界所化現，
> 遍布天地妙供雲，
> 曼達諸寶天女俱，
> 祈願供養無窮盡。

做這個階段的修習之原因是：因爲我們隨時會對自己、對別人，以及對整體環境有不純淨的感覺（impure perception）❺，同時以不純淨的態度對待。我們對那些不純淨的感覺或態度（感覺事物不純淨）愈投入，情況就會愈糟，我們將發現心中生起更多的執著、厭惡與冷漠。補救的辦法只需改變態度，將事物當作純淨即可。這在開始時確實需要刻意地努力，但是，如果你將事物當作純淨，你逐漸會開始將事物看成純淨，如此可以淨化你慣於視事物爲不淨的趨向。

這時，儀軌中說：「從本淨界所化現之妙供雲，遍布天地。」你想像自己修法的所在是一處完全純淨的地方，充滿你

想像得到的各種悅目的供品。雖然是你在想像這個地方及這些供品，但它們卻不是虛構的，它們從一開始就在那裡，所以儀軌中說：「從本淨界所化現。」從最開始，事物原本就是如此，事物一直是如此，它們不是由你的想像創造出來的，也不是你想像出來騙自己的。只因我們目前的感知力，如同是在一場惡夢當中想要醒來，而當我們醒來的時候，將會看到事物的實相。很重要的是，你必須了解，你所想像的正是事物真正的本來面目。

設在這個純淨處所的供品，包括曼達供、輪王七寶（the seven articles of royalty）⑨，以及其他法本中所述的供品等，還有獻供的天神、天女。所有供品皆是無窮盡的，數量無限，品質完美，它們不會消失，也永遠使用不盡。這一節是將供品與修法的場所加以淨化，使其成為神聖。在此同時，你開始淨化自己認為周遭環境不純淨的想法——包括你的身、你的心，以及周邊所有的物件與器具。

對四無量心的禪修

接下去是對四無量心的禪修。四無量心是我們要培養的四種態度，它們是無限量的，所以被稱為無量或無限。無量表示在「多少」及「對象」上均無所限制。第一個無量心是「慈心」。慈心無量的意思是，生出無限的愛與慈悲，其對象也是無限量的。

眾生具樂離痛苦，

祈不失樂平等捨。

公平是這四種態度共同的內涵。當分別列舉時，公平或平等捨被列爲第四無量心——**慈、悲、喜、捨**合稱四無量心；然而，當你眞正修四無量心時，需要開始培養平等捨心。我們每個人都有某種程度的慈心、悲心與同喜心，但是，要使它們純眞並且無量，我們需要有平等捨心，因此，我們必須最先培養平等捨心。說我們每個人都有某種程度的慈心，是因爲我們都會希望某些人快樂，並具有快樂的因；我們也都有一些悲心，希望某些人遠離痛苦與苦因。問題在於，我們通常只希望一部分人如此，而對發生在其他人身上的事卻毫不在意。雖然我們確實有慈心與悲心，但它們是偏袒的；因爲是偏袒的，所以不純淨，也不完整。如果你培養平等捨心，它們就會變爲無限——亦即變成完美。因此，培養四無量心的第一個階段是，培養對眾生的平等捨心，意思是，培養以同等的慈心與愛心對待所有眾生的態度；然後，以此爲基礎，你可以加強自己的慈心——願一切眾生具樂與樂因的願望，如此也會加強你以這樣的態度對待眾生。假如你不先培養平等捨心，在加強你對某些人的慈心時，可能也會增加對其他人的瞋恚心。所以，你必須先培養平等捨心，然後以它爲基礎，去培養另外三者——慈、悲與喜。不過，在法本上，通常的排列順序是將捨（平等捨）列在

最後。

慈的要義是願他人快樂，悲的要義是願他人不受苦，這兩種態度當然是非常好的；不過，若只是希望而缺乏切實的做法去付諸實現——如果你的慈心不能帶給別人快樂，或你的悲心無法使眾生解除痛苦，則它們將成為導致你更大痛苦與悲傷的因。你會因為自己的態度，而對別人的痛苦更加敏感，但卻感到無能為力，因此，從一個人痛苦變成了兩個人痛苦——因為你也會跟著痛苦。不過，如果慈與悲的態度，同時也包含對如何使人離苦得樂的了解，那麼，這樣的態度就不至於成為挫敗之源。因此，我們將慈心的態度由「願一切眾生具樂」，擴大為「願一切眾生具樂與樂因」；而將悲心的態度由「願一切眾生離苦」，擴大為「願一切眾生離苦與苦因」。意思是，雖然你一時沒有把握可以使一切眾生快樂，但你可以逐漸地使眾生完成或聚集快樂的因，並且避免和去除痛苦的因。因為你了解長久以後，終究可使眾生離苦得樂，於是，慈與悲的態度變成既信心十足，且令人愉快。如此一來，慈與悲不再產生悲傷與沮喪的後果，而代之以第三無量的喜。你以這種方式培養四無量心，做為修藥師佛的前行。

現在，我們試將四無量心用在藥師佛的修法上：因為在此，主要的苦因是身體上的病痛，那同時也是修藥師佛法最開始的焦點，因此，你也可以將四無量心禪修的焦點放在身體的病痛上。想著你是為了消除眾生的疾病，而向藥師佛祈禱、做藥師佛的禪修、誦藥師佛心咒等等。你可以將四無量心做如下

的陳述：無量慈心是「願一切眾生皆具健康之福及它的因」；無量悲是「願一切眾生皆離病苦及病因」；無量喜心是為別人的健康幸福而同感歡喜；無量平等捨心則是不僅對自己的朋友及家人等認識的人，而是毫無例外地，對一切眾生生起這些誓願與態度。

當你以這種利益自己及他人的動機與誓願來修藥師佛法時，有時你會看見明顯的效果：你或他人的病，以一種你認得出來是因你修法的關係而消除了，這將使你對修法的信心大增。另外，也有時無論你修法多少次，禱告得多虔誠，唸了多少遍咒語，卻看不出任何明顯的效果，這將令你對修法產生懷疑，而不禁會想：「或許並不真正有用。」但是你需要記住，修法的益處不像一部機器的作用那樣明顯直接，像射出一道雷射光束那樣。修法永遠有它的效果，但效果如何顯現，卻無法完全確定。所以，對於修法的結果，你需要抱持往長遠看的態度，如此一來，你就可以將修法的焦點保持在四無量心上。

藥師佛法的前行至此完成。我今天下午就講到這裡，最後將法教的功德回向一切眾生，使得解脫。

〔回向功德。〕

原 註

❶ 釋迦牟尼佛說明藥師佛學佛的動機及所立的誓願：藥師佛是在釋迦牟尼佛之前的一位佛，他曾經也是眾生。因此，我們對他的認識，是根據由釋迦牟尼佛遍知所自然產生的法教，至少在最初是如此。

❷ 論（shastras）：論是對於佛陀最初的開示所做的論述。

❸ 三寶（the three jewels）：所有佛教傳統所共同奉持的。

❹ 修習本尊法：修任何本尊法，都會使行者獲得勝義及世俗兩種悉地。勝義悉地是對心的明光本性之穩定證悟，以及我們所知的圓滿證悟或成佛的一切實相。世俗悉地是某些特質，諸如仁慈、慈悲、才智、洞察的智慧、靈性的力量、保護及消災、健康、長壽、財富、魅力等等。修本尊法會先產生世俗悉地。如果我們向觀世音菩薩祈禱，除了注意力的集中之外，我們最先感受到的效果是仁慈與慈悲的增加。如果向文殊菩薩祈禱，我們會逐漸感到更加敏慧、更強的智力，以及在音樂和語言方面的熟練。如果我們修瑪哈嘎拉（Mahakala），會感到受保護及障礙的排除；如果修白度母，會更有洞察力，並且長壽；如果修綠度母，會感到心無恐懼、迅速排除障礙、快樂、慈悲以及意氣昂揚；如果修金剛瑜伽母，我們將開始發展大手印悉地，增加親切與魅力。如果一個人以足夠的虔敬與努力，修習任何本尊法的生起與圓滿次第，最終都會達到圓滿證語，屆時，所有本尊的一切悉地皆會自然到位。（譯註：瑪哈嘎拉，又譯為大黑天，據說是大日如來降服惡魔時所現的忿怒相，是藏傳佛教衆護法神之首，通常有二臂、四臂或六臂的造形。白度母，二十一度母的其中之一，都是源自於綠度母，各具有不同的殊勝功德，而白度母是賜予衆生長壽的度母。綠度母，是二十一度母之首，相傳是觀世音菩薩的化身。）

❺ 不純淨的感覺（impure perception）：很重要的是，要注意這些不淨的感覺與態度並不穩定，它們是依照變化的因緣而時刻在改變的。因此，一個人可能在某一刻自視很高，真正覺得自己富魅力、聰明又迷人；而在下一刻卻感覺對自己很失望，覺得自己既惹人厭又沈悶。這些感覺與態度會經過無數的變化，但它們都是不淨的，因為我們總是在看自己、他人或環境的投射，而未能看到事物的本然。

譯　註

① 救脫菩薩（Kyabdröl）：此菩薩以救人病苦、脫離災難而得名。

② 堪欽靜命（Shantarakshita, 700-760）：又譯為寂護，印度那爛陀寺著名的學者，曾應西藏王赤松德贊之請，入藏傳法。在拉薩南方建立桑耶寺，與蓮華生大師共同弘法。

③ 菩提薩埵（bodhisattva）：一般簡稱為菩薩。菩提，是覺、智、道的意思；薩埵，是指有情衆生。菩薩就是指求道、求大覺的人。

④ 赤松德贊（Trisong Deutsen）：西藏第一位尊奉佛教的國王，在西藏建立第一座

正規的佛教寺廟桑耶寺，並且迎請印度的著名學者靜命大師和蓮華生大師入藏，大規模地進行佛經的翻譯工作，開創了藏傳佛教的第一個興盛期。

⑤ 噶瑪恰美仁波切（Karma Chagmey Rinpoche）：1603年，第一世噶瑪恰美仁波切出生於西藏貢地，據傳恰美仁波切將會有十三位的轉世。第一世恰美仁波切五歲就自識本心，九歲已嫻熟佛法精義，成為偉大的上師。並由根本上師卻吉旺究那裡，領受了大手印和大圓滿的傳承。

⑥ 卻吉旺究（Chökyi Wangchuk, 1584-1629）：藏傳佛教噶舉派夏瑪巴傳承的第六位轉世者。五歲時獲得大寶法王的認證，十二歲時已成為著名的修行者，被認為是當時最了不起的學者之一。

⑦ 悉地（siddhi）：就是成就的意思，代表修行所獲得的成果。

⑧ 空行母（dakinis）：指修行獲得成就的女性修行者。

⑨ 輪王七寶（the seven articles of royalty）：指轉輪聖王所擁有的七種寶物，包括輪寶、象寶、馬寶、珠寶、女寶、居士寶（又稱主藏寶）與主兵臣寶（將軍）。

3 觀想自己是藥師佛

昨天我們討論了這項修法的傳承祈請文、皈依與發菩提心、道場與物件的淨化，以及四無量心的禪修。我們今天要開始觀想自己是藥師佛，這將帶給我們藥師佛的加持，同時，觀想藥師佛的壇城在我們面前，那代表我們祈請的對象以及聚集獻供功德的所在。

一切事物的本質皆純淨

觀想由淨化你對整個世界的感覺開始，包括你的身和心。一開始，我們先唸以下的觀空咒：

唵　梭巴哇　修達　薩爾哇　達爾瑪　梭巴哇　修多　杭木

（OM SOBHAWA SHUDDHA SARWA DHARMA SOBHAWA SHUDDHO HAM）

此咒的意義反映出它的重要性。跟在第一個**唵**字之後的是**梭巴哇**，意思是本質；然後是**修達**，意思是純淨。通常事物在我們看起來（外在的表象與我們內在覺察的心）是不純淨的，因為我們心中存有煩惱及其他的障礙。這裡所謂的純淨本質，意思是：我們以不純淨的心所見到的事物樣貌，並非它們真正的本然；它們看似不純淨，實則本質卻是純淨的。在「純淨本

質」之後是**薩爾哇**，意思是全部；**達爾瑪**的意思是事物。所以，咒語說的是「一切事物的本質皆純淨」。

　　達爾瑪一詞通常可以用來表示兩個意思。一個意思是正法，佛陀的法教；另一個意思是事物，一般的事物，任何可知之物。這裡指的是事物。

　　咒語接下來重複一次**梭巴哇　修達**，然後是**啊吽**（A Hum）。因為梵文特有的文字連接方式，**修達**與**啊吽**連在一起，成為**修多　杭木**。**梭巴哇　修達**仍然是本質純淨的意思；**啊吽**可以是自己或某物的具體化。在這裡的意思是，不但一切事物的本質純淨，它們本身即是純淨的具體化現。因此，本咒語主要是告訴我們，為何修行之道可以達到結果。因為事物具有純淨本質，因為純淨存在於事物的本性中，因此，透過以純淨做為修行之道，可以顯示為經驗與結果。例如，芝麻中有芝麻油，所以，你可以從芝麻中榨取芝麻油；如果芝麻裡沒有油，你再用力榨芝麻亦是枉然。因為事物隱藏著的本質是純淨，所以，如果你將它們看做純淨，就可以體驗到它們的純淨。**梭巴哇**咒是用來點出此一要義，同時引領你進入禪定，直到做觀想自身為藥師佛的禪修。

　　在唸過觀空咒之後，接著是藏文的**東巴尼　突秋爾**，意思是一切化為空或空性。

　　化為空性。

　　這是描述觀想的開始。在此，你想像一切事物皆消失，一

切皆成空──不僅是如何化爲空,還有如何顯現出來。不過,重要的是,要記住,你並沒有假裝將事物當成它們原本不是的樣子,你是用想像將事物化爲空的方式,來表明空性自始❶即是事物的本質這項事實。

將通常不純淨的呈現化爲虛空,是改變我們慣常將不淨加諸於事物上的兩個步驟中的第一步。❷第二步是觀想藥師佛的王國或宮殿,自那廣大的虛空中生起。

> 空性所化三千界,
>
> 莊嚴寶刹殿中現,

第一步是想像所有不純淨的呈現都化爲虛空,第二步是想像藥師佛的國土和宮殿自虛空中生起。當你想像你修法之處變成藥師佛的王國與寶刹時,不要將這個設想局限於這個世界或此一行星上,正如法本上說的,那可以是包含億萬個世界的大世界系統或銀河。

自身觀想和對生觀想

修藥師佛法有兩種方式可以選擇。最簡單的是,將自己觀想爲藥師佛;較複雜的方式,在法本中有說明,是觀想藥師佛由他的協侍環繞著在你的前面。對於初學者來說,只做自身觀想比較容易,不過如果也做對生觀想,則使你有積聚福德的機會。不論採取哪一種方式,在你所觀想的自虛空中出現的藥師

佛王國，它的中央是一座宮殿。這座宮殿是方形的，並且相當對稱；在宮殿四邊的每一邊中央各有一個宏偉的大門。如果你同時修自身觀想及對生觀想，則需要觀想兩座宮殿：一座是你坐在它的中心修自身觀想；而在你對面稍微升高的位置，有另一座是修對生觀想的。

> 各各獅座蓮月上，
> 自身、對生之主尊，
> 藍色種字「吽」化現，

在自身觀想的宮殿中央，是用黃金與珠寶及其他珍貴材料打造的寶座，由八隻雪獅抬著。獅座的主要意義是象徵大無畏的精神，表示主尊無畏於任何恐懼與危險。在獅座上面是一朵盛開的蓮花，蓮花的中央是一個平放的月輪，而你觀想自己是藥師佛安坐在月輪上。在對生觀想的宮殿中，你觀想有一朵十六瓣的蓮花，而它的中央又有一朵八瓣的蓮花。在八瓣蓮花之中，你觀想另有一個獅座、蓮花、月輪等，如同在自身觀想中那樣。在對生觀想中，有八瓣與十六瓣兩朵蓮花，因為那裡有更多位佛與菩薩。

然後，在自身觀想與對生觀想的月輪上，你都觀想有一個藍色的「吽」（HUM）字❸。在自身觀想的宮殿中，那月輪上的「吽」字，代表自身觀想中的主尊之心要或智慧；而在對生觀想中，月輪上的藍色「吽」字，則代表對生觀想的主尊之心要或智慧。特別用這個「吽」字，因為它是法之音，本性❹之

聲音的表達。它之所以是藍色，因爲那是即將從種子字中出現的主尊的顏色——藥師佛是藍色的，金剛持也是；但也因爲藍色象徵不變易與無造作❺。觀想出種子字之後，再觀想從每一個種子字同時放出無數道光；在每一道光的末端，有無數獻供天女手持各類供品，獻給空中各方的諸佛與菩薩。諸佛與菩薩歡喜接受獻供，他們無量的慈悲也因之生起，並化爲藍色的光反射回來，融入吽字。攜帶供品的藍光自兩個吽字放出去，又帶著加持折返回來。之後，兩個吽字再次同時放藍光，這次是要淨化整體外在世界、全宇宙中所有可能引起任何傷害的一切，以及所有眾生意識中的苦及苦因。然後，藍光分別由兩個吽字重新收回，之後，兩個吽字即刻轉化爲藥師佛。

　　藥師佛身如琉璃，（透明亮麗的天藍色寶光）

　　在轉化之後，即將自身觀想的藥師佛當成是自己的身體，而對生觀想的藥師佛是在自己面前。藥師佛是亮麗的藍色——一般稱爲琉璃的一種寶石的顏色。藥師佛的法相光輝莊嚴，並且放出與身體同色的無數光芒。本尊可能以數種不同的形式呈現——寂靜相或忿怒可怖相、化身或報身（nirmanakaya or sambhogakaya）①等等。藥師佛是寂靜的化身相。

　　放光三法衣嚴飾。

　　說藥師佛所現爲化身相的意思是，某些本尊示現報身相，配戴華麗衣飾等等，而藥師佛所現的相則是化身佛的寂靜相，

僅著一般僧侶所穿的三法衣：上身的內、外袍及下身的裙。

藥師佛與釋迦牟尼等同無二

藥師佛擁有雙臂。

右手持訶勝施印，（持訶子）
左手托缽結定印。

他的右手伸出在右膝之上，手掌朝外，做勝施印，並持訶子（arura或myrobalan, fruit），這種藥草代表所有妙藥。祂右手置放的位置及所持的訶子，代表使用世俗諦的方法使一切痛苦消除，特別是病苦。疾病可以在世俗諦之境界用世俗的方法，藉調節互相關連的因與緣予以消除，諸如醫藥的治療等等。藥師佛右手的手勢所代表的意義，即是給予病者這類的治療。

他的左手置於左膝上，手掌朝上結定印，那代表經由證悟絕對真實，以消除疾病與痛苦——輪迴的根源。不論從世俗諦或勝義諦的觀點來看，疾病與痛苦最基本的因即是不滿足，以及使人上癮的輪迴特質。因此他以左手托缽，表示對於滿足的需求。

因為藥師佛的心純淨無染，表現在形象上則是相好莊嚴，身形完美。

相好圓滿跏趺坐。（原文作金剛跏趺坐）

藥師佛具有開悟成佛者的各種相與隨形好（the marks and signs）②。從他的外觀各方面看──頂有肉髻、腳心有法輪像等等，他與釋迦牟尼佛一模一樣，唯一的差別在於釋迦牟尼佛是金色身，而藥師佛是藍色身。因爲藥師佛沈浸於三摩地（甚深禪定）中，專注於對一切事物眞實本性的證悟，並因三摩地極爲穩定，所以，他是以兩腿雙盤的金剛跏趺坐姿安坐著。你觀想自己是這個樣子，在對生觀想中的藥師佛也是如此。

至此所描述的每一個項目，諸如宮殿、寶座及藥師佛，對自身觀想及對生觀想同樣適用。不過你要記得，在對生觀想中，獅座是在八瓣蓮花中央，而八瓣蓮花又在一朵十六瓣的蓮花當中；而在對生觀想中，藥師佛周圍的八瓣蓮花花瓣上，除了正對藥師佛的那一瓣，其餘七瓣上坐著另外七位藥師佛，包括釋迦牟尼佛。正如主尊藥師佛一樣，他們皆各具莊嚴開悟者的三十二相及八十種隨形好。

特於對生蓮瓣上，
安住七佛與經卷：

在藥師佛正對面的第八片蓮瓣上，則擺著經卷，因爲最終能使我們得以解脫輪迴與病痛的是佛法。當我們說到正法時，基本上，指的是四聖諦（the four noble truths）③中的第三與第四聖諦──斷絕痛苦的滅諦，以及帶你走上斷絕痛苦之路的道諦。滅諦是修持的結果，那是放棄或超越一切需要放棄或超越的事物❻。道諦是指我們所修持的法，可以使我們到達超越的

境地。法的眞義在於對法的意義❼之經驗與了悟，那是存在於由修持而成就法的效果的修行者心中。由此引申，法也表示傳遞其眞義的傳統，因此我們觀想法的眞義，以經卷的形式，自佛陀一直傳遞下來，直到如今，在我們觀想的藥師佛對面的蓮瓣上。

其後十六菩薩眾，

次後十位庇世神，（原文作世間守護神）

十二藥叉眷拱衛，

四大天王守四門。

圍繞著七位藥師佛與經卷的，是十六位菩薩安坐在十六片蓮瓣上，這十六位菩薩是當年佛陀講授藥師佛法教時的主要聆法者。他們皆現報身相，穿戴珠寶佩飾等。在蓮花的外圍而仍處於對生觀想的宮殿之內的，是另外二十二位主要的天尊，每一位都有一名協侍。在藥師佛的右方，十位世間守護神作半圓形排列在主要天尊的右邊，他們也被稱為十方守護神，包括梵天與帝釋天等。同樣地，在宮殿的左方排成半圓形的是十二藥叉大將，他們每一位都由自己的協侍圍繞著。最後，守在宮殿四大入口處的是四大天王。我們觀想四大天王出現在這裡，因為他們是護持佛法的一般護法；特別是當佛陀說法或現神通時，他會示現一座像這樣的宮殿，而為了強調四大天王是佛陀法教的護持者，每一個宮殿的大門都由一位天王做為守門的門神。

迎請智慧尊

　　當你修法時，如果做得到的話，就觀想所有的天尊；不過，若是做不到，也不要氣餒，不要覺得因為你無法將他們每一位都觀想齊全，你的修法就徒勞無功或失效。只要盡可能清晰地觀想出自己是藥師佛，以及對面一尊藥師佛，就可以了。如果除此之外，你可以觀想出另外七位藥師佛以及經卷，很好；如果你還能觀想出十六位菩薩，也很好。不過，你應該以確實能做到的來衡量你的觀想。然而，不論任何一種情況，你的修法都會有效，並且會得到一般佛法的加持，特別是藥師佛的加持。修法必然會達到它的功能與效果，不論你如何做觀想。了解自己是在做什麼，比觀想到多少位天尊更為重要。而最重要的是，要明白：當你在觀想自己是藥師佛時，並非在假裝自己不是的東西；而當你在觀想對面有一尊藥師佛及他的協侍時，也並非他們不在而你假裝他們在那裡。根據定義，佛是遍知的。不論何時有人想到佛，將佛帶至意念中或向他們祈請，他們都會知覺，並以慈悲與加持做為回應。終究而言，不論你在哪裡想到他們，事實上他們就是在那裡。因此，如果佛是在我們心中，而我們將他當作確實在我們面前，應該是很適當的。當你想著藥師佛與他的協侍在你面前時，他們確實就在那裡。

　　將你自己觀想為藥師佛也同樣是適當的，因為你的基本性質——你真正的本性——是佛性。佛性即是達到證悟的潛能。

你終將在未來的某個時刻，會像藥師佛一樣達到證悟或成佛。即使觀想自己是藥師佛，你不過是現出在目前你基本上是如此，或是示現你將來開悟時的樣子而已。因為知道這是真實的，所以你採用藥師佛的身、語、意，也因此這樣做並無任何不妥。

即使觀想自己是藥師佛，或藥師佛與他的協侍在自己面前是適當的，你可能仍有所猶豫或疑惑，認為觀想只不過是觀想而已。這是可以理解的，所以，儀軌中下面的句子，即是針對你的這種疑惑。為了消除你心中可能殘留的任何疑惑，接著你請來真正的智慧尊，並將他們融入你的觀想。

諸尊三處三種字，（唵阿吽）
及心「吽」字齊放光，（藥師佛心輪種子字）
於各東方佛剎土，
迎請無量智慧尊，
融入自對諸尊眾。

迎請智慧尊的第一步驟，是在你自身觀想的藥師佛及對生觀想的藥師佛（如果可能，再加上協侍的菩薩聖眾等）身上的三個地方，分別觀想有三個種子字：**唵　阿　吽**（OM AH HUNG）。觀想在你的頭裡有一個白色的**唵**字，那是藥師佛的身要；在你的喉間有一個紅色的**阿**字，那是藥師佛的語要；在你的心上有一個藍色的**吽**字，那是藥師佛的心要。在自身觀想的藥師佛身上，以及對生觀想中的諸佛、天尊身上做這樣的觀

想，之後，你想像有各種對應顏色的光從各個種子字放射出來，特別明亮的是從諸尊心上的吽字所放的藍光。這些光的發射是為了邀請壇城的諸尊從他們各自的佛土前來。八位藥師佛（主尊加上協侍）都有各自的佛土或王國，據了解，都是在東方❽。於是，八位藥師佛與他們的協侍尊分別由各自的淨土受邀前來，並且，一一融入你自身觀想的藥師佛及對生觀想的諸神佛之中。在修法時，你不要想成他們立即融入你的體內，而是他們自己出現在自身觀想與對生觀想的兩座宮殿之間——你面前的空中。

描述過觀想之後，你誦一段經句，那是真正地邀請諸尊前來。

> 吽
> 藥師昆仲八佛無餘眾，
> 祈請降臨垂賜大加持，
> 為我具緣具信勝灌頂，
> 祈求淨除邪引與壽障。
> 拿麼　瑪哈　貝卡則　薩巴瑞哇局　邊紮　薩瑪呀
> 紮紮　邊紮　薩瑪呀　滴叉哈廉
> (NAMO MAHA BEKENDZE SAPARIWARA BENZA
> SAMAYA DZA DZA BENZA SAMAYA TIKTRA LEN)

你首先邀請八大藥師佛及他們的協侍：「請到這裡來，將大加持賜予我這修法者及其他的人。」然後，你向他們祈請：

「爲我這個具信心的幸運者灌頂」，而經由灌頂祈求他們：「驅除生命與長壽的障礙，以及其他一切障礙。」

　　接下來的咒語是圓滿並加強邀請的動作。咒語的意思是：「大醫王佛與您的協侍們，**邊紮　薩瑪呀　紮紮**」。❾**邊紮　薩瑪呀**的意思是不變的承諾。你在這裡提醒諸佛要解脫眾生的承諾。從他們初發菩提心開始，一直到證悟圓滿佛果之後，爲求眾生得解脫，是他們經歷這整個歷程的動機。因此，他們有不變的承諾——如金剛般不能摧毀的承諾。所以，當你唸誦**邊紮　薩瑪呀　紮紮**時，你是在對諸佛說：「您一定要來給我加持，因爲這是您承諾的志業。」這時，你要很有信心地想：所有壇城的智慧尊都眞正來到，並出現在你面前的空中。

　　咒語的最後是**邊紮　薩瑪呀　滴叉哈廉**。**邊紮　薩瑪呀**是不變的承諾，**滴叉哈**是穩定不移的意思，所以，咒語是在說：「透過您們利益及解脫眾生的不變承諾，請融入我，並持續或永久地與我同在。」這時你要想：受邀而來的諸佛、菩薩等聖眾在經過提醒他們的承諾之後，皆生起廣大的慈悲心，並融入自身觀想及對生觀想的本尊之中。而在此時你要想：被觀想爲藥師佛的你的身、口、意，與藥師佛的身、口、意變成無分別❿。

　　今天上午就講到這裡爲止。如果你們有問題，歡迎現在發問。

問・答・錄

●問：請問藥師佛有沒有配偶？如果有的話，她的名字是什麼？

仁波切：在這裡的情況是，藥師佛被觀想為示現無上化身相，他沒有配偶。或許有的情況為了表明方便與智慧的合一時，他有可能會被觀想為示現有配偶的報身佛相，但我想不出一個例子，所以，我也說不出她的名字究竟是什麼。

●問：仁波切，在做觀想時，佛的周圍有八瓣與十六瓣的蓮花。蓮花瓣沒有多大，所以，要觀想每一瓣上有一位菩薩與他的協侍，對我來說非常困難。那是如同從這裡通往他們世界的一扇窗嗎？或者，什麼是最好的方法，使我可以做較實際的觀想？

仁波切：淨土的花可以長得非常大。不過，如果你覺得比較容易想像，基本上，它們是連在一起、形式像花瓣的寶座。

●問：仁波切講到對生觀想是聚集福德的場所。為什麼對生觀想會與聚集福德有關？

仁波切：修藥師佛法，如法本中所示，功德是由向本尊致敬與獻供（獻曼達及讚頌等）而聚集的，主要是針對對生觀想

做的。因此，向對生觀想的諸本尊獻供，比較容易聚集福德，你不是將他們觀想成自己，而是比自己更爲崇高。

●問：當我們在最後持咒的時候，要將注意力主要集中在自己身上及心中的咒上，還是來回在對面的佛與自己之間？

●仁波切：你將注意力用在二者之上。你觀想種子字及咒語在自身觀想與對生觀想的心上，在兩種情形都是當作智慧或本尊的意的具體化。然後，通常你想像從自身觀想心上的種子字及咒語放出光來，這些光射入對面本尊的心中，激起他們的慈悲，再使對生觀想放光，來消除眾生的疾病與痛苦等等。

●問：我無法同時觀想自己是藥師佛，並做對生觀想。我是否應該輪流做？是否該先花一段時間做對生觀想之後，再回來做一段自身觀想？

●仁波切：那樣很好。你可以來回地做。

●問：應該要很快地或慢慢地進行？

●仁波切：最好是從容地來回做。

●問：仁波切，這套修法儀軌對您有特別重要的意義嗎？它對創古傳承是否有特別重大的意義？

●仁波切：這對我或我的寺院並沒有特別重大的意義，不過，它是噶舉派通常修的三種藥師佛法中的一種。有一種長的、

一種中等的和一種短的。我們選修這一種，因爲它比較短。

●問：被譯作「純淨」（pure）的藏文字是什麼？你們對它還有其他譯法嗎？

◉譯者：*Takpa*。

●問：這個字都是被譯作「純淨」嗎？

◉譯者：我都是這樣譯。但是，許多人會做各種不同的事，我不能保證別人也永遠將它譯作「純淨」。

●問：仁波切是不是可以解釋一下這個字的意思？

◉仁波切：你可以想和純淨同意義的是「無雜質」，由此可延伸「無缺陷或無瑕疵」。所以，它表示無污點、完美、無瑕等意義。

●問：仁波切，光從東方的佛土射出來，代表某種特殊意義嗎？

◉仁波切：在《藥師佛經》中，佛陀描述了主尊藥師佛及他的協侍諸佛的佛土，它們都位於東方。

●問：當我們觀想光射到整個宇宙時，那包括所有的東西嗎？岩石、樹木、椅子和建築物？

◉譯者：在什麼時候？是諸尊出現時，還是誦咒時？

● **問**：在誦咒的時候。

● **仁波切**：是的。最初，在諸尊出現之前，你先淨化對整個宇宙的觀感，觀想它融入虛空。理論上，在那之後，應該所有的不淨都已消除。但是，當你重複主要的咒語時，你可以重新再淨化一次：再想起不淨的形象，然後用從本尊的心所放出的光來淨化它們。

● **問**：仁波切，在修其他的觀想時，有些可以將自己的根本上師觀想成本尊。修藥師佛法也有類似的做法嗎？

● **仁波切**：有。可以將面前的佛觀想爲根本上師。各人在對生觀想上的做法稍有出入。如果他們對藥師佛有特別強的虔敬心，他們會觀想面前是眞正的藥師佛；但是，他們也可以觀想面前的佛，在本質上是他們的根本上師。

　　我們以回向功德做爲結束。

原　註

❶ 自始：法當然沒有對宇宙的起始做任何斷言，因此，這裡所用的「自始」與「自無始」同義。

❷ 將不淨添加於表象：與龍樹菩薩在《讚法界頌》（*In Praise of the Dharmadhatu*）中所述相同：「呈現給意識的主要現象，是已被概念化且有添加物的。當這種活動停止時，即可看清現象的無自性。要認識這一點，對法界做禪修。」觀空咒及接下去的儀軌，以及所有其他的儀軌及圓滿次第的修持，都是訓練我們的心的法門，使心放棄這種添加的活動。（譯註：龍樹菩薩，印度大乘佛教中觀學派之創

始者，南印度婆羅門種姓出身。樹立大乘教法的體系，並推廣至全印度。著作非常豐富，有「千部論主」的美稱。）

❸ 這些種子字必須以藏文字來觀想。（譯註：以文字來代表諸佛菩薩內證自覺的法門，稱為種子字。不同的諸佛菩薩擁有不同的種子字，可以做為修行時的觀想對象。）

❹ 本性：即真實本性，究竟本性。

❺ 藍色象徵不變易與無造作：藍色一般是指深藍色，像高山上秋空的顏色。

❻ 放棄或超越一切需要放棄或超越的事物：所以可使痛苦終止。

❼ 法的意義：可以用空性的非概念性智慧、明光的非概念性智慧、閃亮的清明、本初的覺知、心的空明和無礙的本性等等來表達。

❽ 東方：藥師佛的淨土不同於西方阿彌陀佛的淨土極樂世界，被認為是在東方。在金剛乘修法時，清楚地了解這些方向是很重要的。所有的本尊都被觀想成是面向東方的。如果你觀想自己是藥師佛、觀世音或金剛瑜伽母，不論他們的淨土是在什麼方向，你總是面向東方的。同樣地，對生觀想中的本尊也是面朝東方的。假使在「真實的空間」裡，你恰巧是面朝南或朝北，就觀想來說，你仍然是朝東的。你不要以為，本尊住在他們的佛土，是在你左肩或右肩出去很遠的地方。卡盧仁波切（Kalu Rinpoche）曾說：「對一位瑜伽士或瑜伽母而言，所有的方向都是東方。」

❾ 邊紮 薩瑪呀 紮紮：梵文和拉丁文一樣，不再是一種口說的文字。學者們猜測，英譯者在此讀咒，是和原來的梵文發音一樣。書中的咒語是由依據原始梵文的藏文讀法，音譯成英文的。所以，在這裡的Vajra samaya jaja，是讀做Benza samaya dzadza。

❿ 被觀想為藥師佛的你的身、口、意，與藥師佛的身、口、意變成不可分：
關於這個過程，熟悉下列二個詞彙會有所幫助：三昧耶薩埵（samayasattva）與智慧薩埵（jnanasattva），它們大致可譯為「奉獻者」與「具本初覺知者」。三昧耶薩埵是自己私人的觀想，是為了保持對自己的上師及本尊所做的承諾而做的。智慧薩埵有時被認為是「真正的」本尊，他是心的明光本性或心與實相的清明之展現。在觀想時，是想像他住在某個地方——他自己的佛土裡。當智慧薩埵最後融入三昧耶薩埵時，他們被想成是合而為一不可分。而在無上乘（ati yana，譯註：寧瑪教派所分九乘中的最高乘）中，三昧耶薩埵與智慧薩埵從一開始就被當作是同時存在的。
在《佛心》（The Heart of the Buddha）一書中，邱陽・創巴仁波切（ChögyamTrungpa）從心理學的觀點描述修金剛瑜伽母的過程：「將自己視為金剛瑜伽母的觀想，稱為三昧耶薩埵：『自我存在的神聖束縛。』基本上，三昧耶

薩埵是身、語、意之三昧耶的表達。那代表一個人對上師及法教的承諾，以及他對自己的心的根本狀態的信任。

「觀想過基本存在的三昧耶薩埵之後，你再邀請智慧薩埵。智慧薩埵是另一層次的存在或經驗。智慧（jnana）是一種清醒或開放的狀態，而三昧耶（samaya）是一種受到束縛的經驗，被結實地困在自己的經驗中。Jnana字面的意思是『智慧』（wisdom），或者『有智慧』更為確切。你邀請這種智慧的狀態，這種層次的清醒，來到你不完美的觀想，使你的觀想有了開放與幽默的感覺，而變得生動起來。」

譯　註

① 化身或報身（nirmanakaya or sambhogakaya）：化身是諸佛菩薩為了方便利益凡夫眾生所變現的種種形現；報身是諸佛菩薩因為無量願行所成就的果報，而展現功德圓滿的報身相。

② 各種相與隨形好（the marks and signs）：諸佛菩薩所具足的殊勝相貌中，顯而易見的部分稱之為「相」，而微細隱密的部分則稱為「好」。因為「好」的特質是隨著「相」來莊嚴諸佛菩薩之身，所以稱為隨形好。

③ 四聖諦（the four noble truths）：即苦、集、滅、道，這是原始佛教教義的大綱，是佛陀最初的說法內容。集是招聚的意思，苦和集代表迷妄世界的煩惱，而滅和道則是講述證悟的方法。

4 獻供的福德

我們今天早上講過，將自身觀想爲藥師佛及將藥師佛觀想在面前，最後，將眞正的智慧尊融入自身及對生觀想中，來導正我們習慣將事物視爲不淨或尋常的謬見。

在將智慧尊融入自身及對生觀想，來導正我們的愚昧、過錯及概念化之後，我們接受灌頂。這一段的修法，在法本中只以咒語表示：

唵 吽 張 舍以 阿 阿比肯紮 吽

(OM HUNG TRAM HRI AH ABHIKENTZA HUNG)

在誦咒時，做如下的觀想：你再次觀想三個種子字——**唵 阿 吽**——在自身藥師佛以及對生觀想諸佛、菩薩等聖眾的三個部位，並且又從它們放光出來，特別是自你心上的**吽**字放光。這次是邀請五方佛及他們的協侍從各自的淨土前來。他們手持裝滿智慧甘露的寶瓶（precious vases）❶，並且，將甘露由觀想爲藥師佛的你的頭頂注入你的身體。咒語的前半——**唵吽 張 舍以 阿**，代表灌頂是由五方佛❷同時執行。**唵**代表毗盧遮那佛（Vairocana）；**吽**，阿閦佛（Akshobya）；**張**，寶生佛（Ratnasambhava）；**舍以**，阿彌陀佛（Amitabha）；**阿**，不空成就佛（Amogasiddhi）。觀想甘露充滿你整個身體，淨化你

證悟的流浪者

巴楚仁波切之生平與言教

作者／馬修・李卡德（Matthieu Ricard）
譯者／普賢法譯小組
定價580元

十九世紀以實修而達到最究竟了悟的偉大行者。
一百多篇故事，一窺兩百年前巴楚仁波切智慧謙和、堅忍不屈、促狹淘氣、慈悲憐憫的各種真實面貌。

巴楚仁波切被視為藏傳佛教中最為純粹的理想典範，他一生潛心修行並寫下許多論典，其中最著名著作《普賢上師言教》不只被藏傳四大教派推崇，更是藏傳弟子的必讀之作。
作者馬修・李卡德耗時三十年，走遍西藏，遠赴不丹、尼泊爾，記載多位上師記憶中的巴楚仁波切。將巴楚仁波切的「慈悲之心」、「堅毅精進性格」、「謙和自在」等多種面貌書寫於書中，鮮明地呈現於讀者的眼前。

業力神諭占卜卡

遇見你自己・透過占星指引未來！

作者／蒙特・法柏（MONTE FARBER）
譯者／吳亞彝Hema、徐彬Nara
定價990元

★ 精裝書盒+36張業力神諭卡+卡牌收藏袋+說明書
★ 翻譯成十四種語言，暢銷全球逾三十多萬套
★ 成千上萬的人依循業力神諭占卜卡的指引，解決愛情、財務、
　家庭等人生難題

結合高我及占星學重要三元素「行星、星座、宮位」之智慧精華的工具！
提供2種面向、3種層次答覆的牌卡，跟隨它的訊息找到未來的正確方向！

每張牌卡，均有兩種面向（結果與行動）與三種層次（靈性、心智與身體）的
簡短詞彙，連結牌卡上的詞彙才能得到答覆。這正是此套牌卡與常見塔羅牌最
為不同之處。藉由牌卡上的訊息，不僅能讓自己勇於面對挑戰，更可以遇見更
為深廣的自我。

延
伸
閱
讀

巴哈花精情緒指引卡：
花仙子帶來的38封信──個別
指引與練習（精裝書盒+38張花精
指引卡+卡牌收藏袋+說明書）
定價799元

日本神諭占卜卡：
來自眾神、精靈、生命與大地的
訊息（精裝書盒+53張日本神諭卡+
牌之奧義書+卡牌收藏袋）
定價799元

花仙療癒占卜卡：
42張花仙卡＋書＋花精音樂
CD＋絨布袋
定價799元

身、口、意中的一切過失、蒙昧與污穢。**阿比肯紮**的意思是灌頂。

傳統八供

修法的下一部分是由獻供來聚集功德。前面曾經提到過，自身觀想向對生觀想獻供。由自身觀想的心放光，而在這些光的末端，是獻供的天女捧著各種供品，向對生觀想中的諸尊獻供。

吽
妙華薰香燈塗香，
妙食以及伎樂等，
色聲香味觸諸法，
我以供養諸尊前。
願圓我等二資糧。
唵 邊紮 阿爾岡 巴當 布貝 都貝 阿洛給 根
喋 涅威喋 夏不達 如巴 夏不達 根喋 局薩
斯巴爾謝 札地擦 吽
(OM BENZA ARGHAM PADYAM PUPE DHUPE
ALOKE GENDHE NEWIDYE SHABDA RUPA SHABDA
GENDHE RASA SAPARSHE TRATITSA HUNG）

首先，他們獻上一組八件相關的供品。第一件是飲水，供

養諸尊的口。第二件是盥洗用的水,供養諸尊的足。第三件是花,供養諸尊的眼。第四是香,以香的氣味供養諸尊的鼻。第五是燈,也是供養諸本尊的眼。第六是塗香(香水)供養諸尊的身。第七是食物,供養諸尊的口。第八件是樂器,象徵以美妙的樂音供養諸尊的耳。

這八件供品包含使我們五根感到愉悅的五種物品,它們是美麗的色,悅人的聲、香、味及觸感。

一般而言,供品可區分為四類:內供、外供、祕密供與究竟供。外供主要是獻上外在世界中美麗及可喜的東西。在此,我們向諸尊所獻的供品,皆為外在世界適當及美麗之物。你可以由獻供而聚集福德,因此,法本中說:「我以供養諸尊前,願圓我等二資糧。」二資糧(the two accumulations)①為福德資糧與智慧資糧。獻供本身聚集或圓滿了福德資糧;當我們認知供品、獻供者與獻供之舉,皆在究竟上為不真實而獻供時——即了知供品的空性、獻供者的空性以及獻供之舉的空性時,則智慧資糧的聚集亦得以圓滿。

最後一句是獻供的供養咒。咒語的開始兩字**邊桼**表示供品的本質是空性。其後,依次列出供品的名稱,結尾處的**札地擦**是分別給每一位的意思。所以,供品是獻給每一位聖眾的。

八吉祥物、八吉祥記和輪王七寶

至此,多數的金剛乘修法都會在獻完外供之後,接著獻內

供、祕密供及究竟供。內供一般是某種多瑪（torma）。在此法本中，多瑪指的是一種內在的供品，因為以它來獻供可以增進你的三摩地，以及你對禪定的吸收，那是一種內在的現象。祕密供是以樂空合一來上供，目的是使修法者產生或穩固認知。同樣地，究竟供是以對究竟本性的認知為供品，來穩固修法者的認知。在此並沒有獻這三種供，因為這項修法雖然在傳統上屬金剛乘，但卻趨向於經乘的形式，因此，獻供是依照經乘中共同採取的方式。

以下兩組供品是八吉祥物與八吉祥記。

吽

最勝吉祥此八物，

最勝王者白芥等，

我以供獻諸尊前，

願圓福慧二資糧。

芒嘎浪_木　阿_爾他　悉地　吽

（MANGALAM　ARTHA　SIDDHI　HUNG）

八吉祥物之所以得名，因為它們是與佛法在此世之生起有關的八種物品，因為它們在法教的產生上有重要意義，所以被認為是吉祥的。八吉祥記則是出現在佛陀身體上的八種記號或圖案，所以也被認為是吉祥的。八吉祥物中包括一種具有順時鐘走向螺紋的海螺殼，那是帝釋神請求佛陀轉法輪時，獻給佛陀的。由於帝釋的獻供，佛陀首次轉法輪，使眾生因之得聆法

教，獲得法益。因此，具有順時鐘轉向螺紋的海螺殼被視爲吉祥物。另一種吉祥物爲吉祥草（durva grass），割這種草拿來賣的人的名字，也被視爲吉祥，因爲他在佛陀開悟之前送吉祥草給佛陀；佛陀用它做成座墊，達到證悟時就是坐在草墊上。因爲吉祥草與佛陀的開悟有關，而佛陀的開悟使此一階段的歷史由黑暗時期轉爲大放光明，因此吉祥草被視爲吉祥物。

　　所以，你以八吉祥物向藥師佛及他的協侍諸佛、菩薩等聖眾獻供，祈願由此圓滿福慧二資糧。咒語中最後的**芒嘎浪**木，意思是吉祥的；**阿**爾**他　悉地**是使之成就吉祥。

　　下一組供品是八吉祥記。

吽

最勝吉祥此八誌，

最勝王者寶瓶等，

我以供養諸尊前，

願圓有情二資糧。

芒嘎浪木　固木巴　吽

（MANGALAM　KUMBHA　HUNG）

　　一般而言，每一位佛都具有三十二相和八十隨形好，又以其中八種最爲首要。實際上，這八種是指佛陀身體特定部位的形狀，看起來像某種標誌。例如，佛陀頭頂的形狀似傘，因此，寶傘是八吉祥記之一；他眼睛的形狀像某種金魚，所以，金魚是另一種吉祥記；他喉頭的形狀像某種瓶子，所以，寶瓶

也是一種吉祥記，依此類推。我們以此八吉祥記向諸尊獻供，也是為了帶來他們的吉祥，使一切有情眾生得以圓滿二資糧：福德資糧與智慧資糧。這一節最後的咒語是**芒嘎浪木　固木巴吽**。**芒嘎浪木**的意思是吉祥的；**固木巴**是瓶。在這裡，瓶用來表示所有的吉祥記。因為它代表佛陀的喉的形狀，而佛法最開始又是出自佛的喉間，所以，寶瓶是最被看重的。

其次要獻的是皇室的七件寶物，這是金輪王（chakravartin）②所獨有的，特稱為輪王七寶❸。

吽

根本妙欲七珍寶，

最勝王者摩尼等，

我以奉獻諸尊前，

願我圓滿二資糧。

唵　瑪尼　局木那　吽

（OM　MANI　RATNA　HUNG）

金輪王出現在歷史上最美好的時期，被稱為賢劫（fortunate eon）③的階段。擁有這七件珍寶，是他與其他國王的不同之處，然而，這七件珍寶真正的內在涵意，是它們代表證悟之路的七等覺支，那是所有佛與菩薩都經歷過的。因此，當你向諸尊獻輪王七寶時，你要想著表面上是七件皇室的珍寶，而代表的是證悟的七等覺支。

你將這些供品獻給在對生觀想壇城中的諸尊，並祈願經由

獻供，使你得以圓滿二資糧——概念性的功德資糧與非概念性
的智慧資糧。完成獻供的咒語，提到七寶中的第一件——珍貴
的珠寶或稱如意寶。**瑪尼**是珠寶，**屙大那**的意思是珍貴的。

曼達供

下面所獻的是曼達供，是主要的獻供儀式中的最後一供。

吽
一切之最須彌洲，
須彌四洲及小洲，
我以供養諸尊前，
願悉圓滿二資糧。
唵 屙大那 曼達拉 吽
（OM　RATNA　MANDALA　HUNG）

一般來說，我們獻供當然是為了聚集及圓滿福德，我們不
是為了諸佛與菩薩的利益而做的，他們只是表面上的接受者，
諸佛與菩薩不會因得到供養而特別高興，也不會因無供養而不
悅。獻供唯一的真正理由是，獻供者可因此而聚集福德資糧，
我們是為了自己的利益而獻供❹，它對我們產生什麼影響，這
才是重要的。供品不限於你真正可以取得的東西，供品可以是
以下三種類型中的任何一種：真正取得的、精神上發出來的，
以及由誓願的力量所產生的。真正取得的供品，是物質上存在

而你有能力拿來供養的；精神上發出來的供品，在實質上並不是真正存在，而是你可以清晰地想像出來，將它拿來呈獻的；由祈願的力量所獻的供，則是廣大無邊的，你無法將之放進心裡或加以想像，但你至少可以發個誓願，將它們獻給諸佛與菩薩。這三種獻供的方式都可以聚集福德。我們用整個宇宙當作壇城做為供品，因為它的浩瀚無垠會產生非常大的福德。

特別被提到的是，在中央的須彌山（Mount Meru）④以及圍繞著它的陸地，這些再加上所有相關的一切，構成壇城（曼達），曼達供被認為是所有供品中最重要的一供。仔細說來，獻出的供包括須彌山及其頂上的欲界第二天（從底部算起），即所稱的三十三天。圍繞在須彌山四周的是七重金山（seven concentric rings）❺，山間有湖泊相隔。在七重金山及周邊的湖泊上，住著欲界第一天的諸神及四大天王——即藥師佛壇城中的護法天王。當你獻出須彌山時，想著你同時也獻出所有各天界諸神的財富。在七重金山之外，是四大洲及八中洲，那是人界的居所——他們所有的財富、光輝與美麗，你也統統獻出。總而言之，你是向所有的本尊獻上全世界——整個宇宙及其所包含的一切，同時，祈願因此而獲得圓滿二資糧，使你與所有眾生皆可免除疾病之苦。

沐浴獻供

在做過基本的獻供之後——水、花、香等傳統八供，以及

取悅五種感官的各種供品，接著，又獻過四組不同的供品：八
吉祥物、八吉祥記、輪王七寶，以及最後的曼達供。下面的供
是獻洗禮——替本尊洗身。獻此供的目的，是為了建立吉祥的
因緣，以便消除你自己的過失、污穢和障礙——煩惱障與所知
障（the afflictive obscurations and the cognitive obscurations）⑤。

> 吽
> 我以諸香及香水，
> 祈請沐浴善逝身，
> 尊身雖無諸垢穢，
> 為淨罪障之因緣。
> 唵　薩爾哇　大他嘎大　阿比肯　嘎喋　薩瑪呀　夕
> 瑞以耶　吽
> （OM　SARWA　TATHAGATA　ABIKEKATE　SAMAYA
> SHRIYE　HUNG）

在此，你觀想從自身藥師佛的心中有光放出。在每一道光
的末端，是獻供天女捧著裝滿香水的寶瓶。他們以瓶中的香水
沐浴諸本尊的身：主尊藥師佛、另外七尊藥師佛、十六位菩薩
眾，以及壇城中的每一位聖眾。法本中說：「我以諸香及香
水，祈請沐浴善逝身，尊身雖無諸垢穢，為淨罪障之因緣。」

沐浴獻供以咒語達到頂點——唵　薩爾哇　大他嘎大　阿
比肯　嘎喋　薩瑪呀　夕瑞以耶　吽。薩爾哇的意思是全部
的；大他嘎大意思是佛；阿比肯　嘎喋指的是這個過程，在某

些法本中表示灌頂，這裡是指浴佛。經由此一獻供，你增加了諸神的榮耀與莊嚴，因此，有下面的 **夕瑞以耶**，意思是輝煌的、莊嚴的或榮耀的。

下面的供是與沐浴有關的，是替諸佛、菩薩等聖眾拭乾身體，你觀想獻供天女手持灑過香水的細白棉巾為諸佛、菩薩等聖眾揩拭。

> 吽
> 香滑柔軟淨白巾，
> 拂拭如來之尊身，
> 尊身雖無諸垢穢，
> 為作離苦之因緣。
> 唵　嘎呀　比夏達尼　吽
> （OM　KAYA　BISHODHANI　HUNG）

這兩節中所說的是：並非因為諸尊不潔淨或有垢穢，需要你替他們清洗，你是為了可以建立拭去或消除眾生痛苦的因緣，而替諸尊洗身並揩拭。因此，你祈願眾生的痛苦——特別是身體的病苦及精神上的煩惱——得以消除。**嘎呀　比夏達尼** 意思是身體的淨化。

之後是向壇城的諸佛、菩薩等聖眾獻衣或袈裟。

> 吽
> 天衣燦麗此袈裟，

敬奉披於如來身，

尊身雖無寒冷苦，

爲增光燦之因緣。

唵　邊紮　威斯札　阿　吽

（OM　BENZA　WAYTRA　AH　HUNG）

在爲諸聖眾沐浴並揩拭之後，我們必須獻上適當的衣著。這一節第一句裡提到的袈裟，是獻給藥師八佛及他們的協侍的，他們皆示現化身，披著佛所穿戴的美麗紅、黃二色袈裟。當你觀想天女獻袈裟時，你誦：「敬奉披於如來身。」如同前面的獻供一樣，你向諸佛獻袈裟，並非因爲諸佛有受凍的危險，而是爲了建立利己與利他的吉祥因緣。於是你說：「尊身雖無寒冷苦，爲增光燦之因緣。」這次獻供的結果，將使你及其他眾生透過祈願的力量，而活力增加，身體康健。雖然法本中並未提及，獻給菩薩們的也是適合他們法相（現報身相）的華美彩衣及金飾珠寶等。向菩薩們獻華服佩飾，並非他們對此有所貪愛，而是透過獻供建立吉祥因緣，使你活力增盛。咒語中的威斯札，意思是袈裟、衣著或衣料。

沐浴、拭乾及獻衣各部分，皆具有個別的特定意義。這三種獻供的基本要義是在第二次獻供時道出，獻供的目的是「爲作離苦之因緣」。獻這些供的重點是在建立消除眾生痛苦的善因，主要是由第二次的拭乾獻供，達成吉祥的相互依存關係。然而，要消除眾生的痛苦，必須先消除痛苦的因——過失與障

礙。因此，在拭乾之前先行沐浴，它的象徵作用即是淨化所有
眾生的過失與障礙。最後，一旦痛苦被解除之後，代之而發展
的是身、心的健康（包括活力充沛、容光煥發）以及睿智、和
平的心態；促成此一發展的相互依存的因，是由第三次的獻衣
而建立的。

禮讚

　　在獻供之後，接下來是禮讚。禮讚的執行是想像：由你心
中射出的光芒末端的天女，他們依照法本上禮讚諸尊的字句，
用曼妙的歌聲唱出來。所讚嘆的是藥師佛及其協侍諸佛、菩薩
等聖眾所具有的身、語、意的美質。讚嘆並非爲了取悅藥師
佛；諸佛與菩薩不會因受讚嘆而歡喜，也不會因無人讚嘆而不
悅。讚嘆的目的是修法者向自己提醒諸尊的美德，這可以增強
我們對本尊的虔敬，以及開悟成佛的決心，使我們愈加精進修
行。

　　禮讚共分三節。首先是禮讚主尊藥師佛。第二節是禮讚另
外七尊藥師佛及十六尊菩薩。第三節是禮讚壇城中其餘諸位聖
眾，包括十方的十位守護神、十二位藥叉大將等等。

　　第一節是對主尊藥師佛的禮讚。

　　吽

　　身色宛如琉璃山王狀，

　　滅除有情眾生諸病苦，

　　八大菩薩眷屬眾圍繞，

　　頂禮讚嘆持藥之寶尊。

　　第一句是讚嘆藥師佛的身形：「你身體的顏色像一座琉璃山」，這是說他的身體看起來像巨大的無瑕藍寶石琉璃一般，放射耀眼的光芒，那是讚嘆他法相的莊嚴。第二句是讚嘆他的佛行事業：「滅除有情眾生諸病苦」。這裡特指滅除身體上的病痛之苦，但是，終極的涵意係指業病本身的病與苦，藥師佛皆可將之消除。

　　讚嘆過藥師佛之後，接著是讚嘆他的協侍諸聖眾。法本中說到的協侍，並非本壇城中的協侍，而是大乘僧伽中具代表性的八位菩薩。他們也不是壇城中的十六位菩薩；事實上，這八位並非每一位都在壇城的十六位當中，而是有幾位在其中。一般說來，當我們談到僧伽時，有小乘的普通僧伽與大乘的超聖僧伽之分，後者皆由菩薩組成。這裡的八位，特別指的是被稱爲佛陀八子的八大菩薩❻，諸如文殊菩薩、觀世音菩薩、金剛手菩薩等。在最後一句，你說：「頂禮讚嘆持藥之寶尊」，這是以另一種方式言及藥師佛。

　　禮讚的第二節是讚嘆三寶整體，由本壇城中的佛、法、僧爲代表。

　　善號、寶月、妙金、無憂尊、

　　法稱勝海、法慧、釋迦佛，

正法以及十六菩薩等，
頂禮讚嘆希有三寶尊。

最先提到的是另外七位藥師佛——善號、寶月、妙金、無憂、法稱勝海、法慧、釋迦牟尼佛。其後提到法，由壇城中可見的經卷爲代表，那也是佛道的精髓。最後關於僧，提到的是「十六菩薩等」，那表示所有大乘僧伽，而以壇城中的十六位菩薩爲代表。最後以「頂禮讚嘆希有三寶尊」句做爲結束。

最後一節是讚嘆壇城中的其餘諸聖眾，以及所有與壇城有關者。

梵天帝釋天王護方神，　（原文作十位護方神）
十二藥叉大將與眷屬，
天人醫藥持明諸仙眾，
頂禮讚嘆甘露藥王尊。

首先提到的是梵天與帝釋，他們是十位護方神中的兩位；之後是四大天王；十二藥叉大將及隨從；最後是精通醫學與醫術者，他們可以是天界的神，也可以是世間的人。總之，我們頂禮並讚嘆這個妙藥壇城中的每一位聖眾。

生起次第的特性

我們今天所講的所有修法步驟——觀想本尊的身，將智慧

尊融入其中，向本尊獻供並禮讚，都屬於修法的生起次第。一般說來，生起次第需具有三個特性：清晰的呈現、穩定的傲慢與不忘純淨。清晰的呈現意思是，你能清楚分明地看到你所觀想的景象。不論你只是在觀想藥師佛、觀想自己是藥師佛或藥師佛在你的面前，或還觀想另外七位藥師佛在主尊藥師佛的周圍，或再加上觀想十六菩薩眾，或者你觀想整個壇城，包括十位護方神及十二藥叉大將等等。無論如何，清晰的呈現意思是，不論你在做任何一種觀想，本尊的呈現──色彩、形狀、佩飾與服裝及袈裟、手執的寶杖及其他法器等等，都應該觀想出清楚而生動的影像，並且讓你的心保持穩定而安詳。

　　生起次第的第二種特性是穩定的傲慢。一般說來，傲慢當然是我們要排除的東西，它是一種煩惱；不過，在這裡，傲慢所表示的意義卻是金剛乘修習不可或缺的素質。傲慢的意思是脫離謬見，謬見是指當你觀想自己是藥師佛或藥師佛在你面前時，錯誤地認為你是在假裝實際上並非如此的事。穩定的傲慢在這裡的意思是：你認知雖然你觀想藥師佛是刻意去做的，然而，那確實是你的真面目，你認知自己確實就是藥師佛。在對生觀想時，你也認知藥師佛確實出現在你對面。所以，穩定的傲慢真正指的是一種有信心、信任與信仰的態度。當你做自身觀想或對生觀想時，很重要的是，你認識到自己不只是在想像一些虛構的事，你也並非在想像一些不符實際的情境。當你向本尊獻供時，不可否認那是發自於精神的，但你應該考慮到的事實是：獻供的確發生，並且確實產生效果。經由獻供，你確

實聚集了福德資糧。你對修法的真實與有效具有多少信心，你就會得到多少歡喜、虔誠與裨益。

生起次第的第三特性是不忘純淨。它具有多重的意義，最明顯的意義是，認知諸尊的形象是神奇華美的，他們的外表沒有令人感到不快或怪異不當之處，他們是美麗而賞心悅目的。而除此之外，我們需認知本尊外形的性質，是他們的智慧之具體化現。諸尊不具血肉之軀，不是像我們一樣的粗糙身體，也不是無生命的固態物質，像用土石或木頭做成的；他們是智慧的純淨化現，意思是，他們是空性以清明、生動的形式所做的表達。從實用方面說，當你觀想他們時，應將之觀為鮮明的形象，各有他們的色彩、佩飾與寶杖等等，然而，卻不具任何粗糙的實體。他們的形象鮮明耀眼而無實體，如同彩虹一般。這第三特性的基本含意在於，本尊是智慧的化現，因此，他們的形象是超脫輪迴的，非由輪迴的因與緣所產生。

我們今天下午就講到這裡，並以回向功德做為結束。在回向時，心中想著你將這堂開示的功德，一方面回向所有眾生，使他們證悟成佛，並短期性地特別為解除此世間的一切病苦。

原　註

❶ 寶瓶（precious vases）：用珍貴的珠寶與金屬所做的瓶。

❷ 五方佛：當以安坐之姿呈現時，毘盧遮那佛為白色身，雙手當胸結轉法輪印；阿閦佛是藍色，左手結定印，右手做觸地印；寶生佛是黃色，左手結定印，右手做與願印；阿彌陀佛是紅色，兩手均結定印；不空成就佛是綠色，左手結定印，右

手做施無畏印。

❸ 輪王七寶：雖然這七件「皇室的物品」或七件「財產」，在一個迷惑於二元觀點的觀察者看來，可能只是物品或財產而已，因為他將每一件東西都看成「我的」、「他的」、「她的」等等；如果從這裡所用的更貼切的藏文字död yön來看，會更容易了解它的真正意義。död，意思是想得到的；yön，意思是特質、技能或屬性。因此，如果一個人了解這七種東西是輪王的心的七種特質或屬性，不論將輪王想成是男性或女性，都會比較容易理解這七件「物品」或「財產」可以看起來是外在現象，自然地，不需費力或完全無強制性地出現在他或她的壇城或世界之中。少掉這層理解，女寶這種觀念，可能看起來不過是男性沙文世界的另一面向而已。當我們明白，它們是像仁波切所解釋的象徵成佛之路的七等覺支時，對它們的誤解則可更進一步地消除。（譯註：七等覺支，指七種能夠開展菩提智慧的法門，包括：念、擇法、精進、喜、輕安、定、捨。）

❹ 為了自己的利益而獻供：並引伸為利益一切眾生。金剛乘的修持，是以大乘為解脫眾生而誓願成佛的理念為根本，以這個觀點來看，瑜伽士與瑜伽母身、語、意的壇城，是整體有生命與無生命的全部存在，任何對其中之一有益的事，同時也會對其他的有益。尤其，獻供是為了解除欲望與貪愛，以及潛伏在其中的我執。當一個人持續地向所皈依的證悟者獻供時，他會開始發展對空性的了解，之後更會直接感受到自己一向執持的一切，皆缺乏本具的存在，於是，他的欲望、貪戀和我執開始消除。代之而起的，是明辨的覺知的智慧；是透明、自動釋放而千變萬化的眼力，可以看出一切所見，皆是心的明光本性之相互依存的示現，是明顯可以利益眾生的加持。我們不是為了要變成好人而獻供，每個人根本上都已經是好人；我們獻供是為了發現事物的真理或現實的真理，並且，由此發現而獲得幫助他人的強大能力。

❺ 七重金山（seven concentric rings）：通常是以同心的正方形來表示。

❻ 八大菩薩：除文中所提文殊菩薩、觀世音菩薩、金剛手菩薩，另外五位是地藏菩薩、除蓋障菩薩、虛空藏菩薩、彌勒菩薩及普賢菩薩。

譯 註

① 資糧（accumulations）：資是資助的意思，糧是指糧食，資糧是用來形容達成證悟所必須具備的事物。

② 金輪王（chakravartin）：象徵古印度的賢德聖君，稱之為轉輪聖王，其中又分為金、銀、銅、鐵四種輪王。據說，轉輪聖王現世時，一定是太平盛世，所以也用

來比擬佛陀的功德。

③ 賢劫（fortunate eon）：賢，是善的意思；劫，代表很長的時間單位。佛教對於時間的觀念，是以劫為基礎，來說明世界生成與毀滅的過程。據說，賢劫是千佛賢聖降生的時代。

④ 須彌山（Mount Meru）：原本是印度神話中的一座山名，在佛教的宇宙觀中，以須彌山為中心，形成一個須彌世界。須彌山四方有四大洲，是人的居所，分別是：東勝身洲、南瞻部洲、西牛貨洲和北俱盧洲。須彌山頂有三十三天，也就是欲界第二天，是帝釋的居所。欲界六天，由最底層算起來，分別是：四大王天、三十三天、夜摩天、兜率天、化自在天、他化自在天。

⑤ 煩惱障和所知障（the afflictive obscurations and the cognitive obscurations）：煩惱障和所知障並稱為二障。煩惱障是指由我執所產生的一切迷妄，障礙了自己的證悟之道；而所知障是指由法執所產生對於所證之法的執著，而無法證悟真正的圓滿智慧。

5 吉祥物與吉祥記的由來

首先向大家祝福早安。各位一定都已注意到，通常在每一堂課的開始，我都會誦簡短的以「偉大的金剛持」為始的傳承祈請文❶。我們使用這篇祈請文，因為它是噶舉傳統各中心，以及各處的噶舉修行者最常使用的。它是由潘噶建派贊波（Pengar Jampal Zangpo）所撰，他是第六世大寶法王通瓦敦殿（Thongwa Dönden）最重要的弟子，也是第七世大寶法王卻札嘉措（Chödrak Gyamtso）的根本上師。在接受第六世大寶法王的指導之後，潘噶建派贊波前往位於西藏北部的天湖（Sky Lake）修行。在天湖的中央，有一座叫塞莫杜（Semodo）的島，島上有一個山洞。他在這山洞中，完全與世隔絕地修行了十八年。因為除了長年隆多之外，要去島上非常困難，所以，那裡是完全遺世孤立的。他潛心修行十八年，而成就大手印的殊勝證悟。這篇傳承祈請文是他在那段閉關之後所寫，被認為包含著他證悟的要義與加持，這便是我們使用它的原因。所以，請各位懷著忠誠與虔敬的心來唸誦它。

〔仁波切與弟子唸誦祈請文。〕

八吉祥物的起源

在我們討論咒語的唸誦之前，我願意將昨天所講的供品再做一些補充。在討論八吉祥物時，曾提到海螺殼與吉祥草，我現在要更仔細地討論每一種吉祥物被認為吉祥的起源。

第一種是**海螺殼**。在佛陀開悟的當下，他立刻認知到，雖然自己已徹底了悟一切物的真實本性，亦即「法」——那是深奧的、寧靜的、全無造作的，但是，如果他不試著向大家解說此「法」，則世人將無從了解它。於是，他決定獨自在森林裡，繼續停留在三摩地中。如此持續到第四十九天時，帝釋神（他是一位菩薩的化現）出現在佛陀的面前，獻給佛陀一個有順時針螺紋的白色海螺殼，鼓勵他出來說法。佛陀決定轉法輪或說法，是對這第一件供品的回應。

第二件吉祥物是**酸乳酪（乳糜）**。這是有關於佛陀教導我們，正確的修行方式必須放棄兩種極端的生活方式或行為。一種極端是享樂主義，意即你的目標與努力在於盡可能追求享樂，包括華服、美食等等。這種極端的問題在於，你既然以此為追求或執著的目標，你將無餘力與時間用來修習佛法。但是，你也需要放棄另一種極端——身體的苦行，因為企圖以凌虐身體或剝奪身體所需來證道，是徒勞無功的，事實上，那樣做反而使你在甚深智慧的發展上，進步得更慢。為了證明捨棄享樂主義的必要，佛陀離開父王的皇宮，到尼連河畔度過了六

年極端艱苦的生活。然而，為了證明修行者必須也放棄苦行，他在悟道之前，立即接受了一位名叫拉蓆（Lekshe）的婆羅門女子供養他的酸乳酪與濃奶的混合飲料。就在他喝完供養的乳糜之後，佛陀身體上的記號與標誌──那是裝飾佛身，代表身體的完美的──原本在他苦行期間已顯得模糊，此刻卻突然變得鮮明而燦麗。

　　第三件吉祥物是**吉祥草**，那是割草並賣草的札西（Tashi，吉祥之意），在佛陀悟道不久之前供養他的。佛陀用吉祥草當作座墊，而當他開悟時，是坐在草墊上的。

　　第四件吉祥物是**朱砂**。使朱砂成為吉祥物的起源是這樣的：在佛陀即將開悟時，魔羅（Mara）①出現了，他對佛陀使出各種可厭的魔幻伎倆，意圖阻撓他。最後，他向佛陀挑戰說：「你不得開悟；你不能這樣做。」佛回答說：「我可以，因為我在三期無數劫當中，已圓滿了二資糧。」魔羅接著說：「好，有誰替你作證嗎？你能找誰來證明？」佛陀伸右手過右膝觸地，做為回答。之後，土地神由地下出現，向佛陀獻上朱砂，並且說：「我可以證明他已在三期無數劫中圓滿二資糧。」

　　第五件吉祥物是**畢婆果**（bilva fruit）。畢婆果成為吉祥物的起源是：當佛陀還住在他父親釋迦族（Shakyas）國王的宮殿中時，首次目睹生、老、病、死的痛苦，並決心找出解脫之道。他起初總是走到一棵大樹下禪坐，在那段時間，他達成修止的完美狀態，樹神因此向他獻上畢婆果為禮。

　　第六件吉祥物是**寶鏡**。寶鏡被視爲吉祥物的起源是：當佛陀享用過婆羅門女子供養他的乳糜後，他經歷六年苦行而瘦弱枯槁的身軀，立即恢復爲精力飽滿，體態莊嚴，三十二相及八十隨形好也跟著鮮明清楚起來。這時，一位欲界女神出現在佛陀面前，獻給他一面寶鏡，使佛陀可以得見自己的莊嚴與華美。

　　第七件吉祥物叫作**吉萬**（givam），那是一種取自象身上某部位的藥材，可能取自象的膽囊。它之所以被視爲吉祥，是爲了紀念發生在佛陀悟道之後很久的一件事：提婆達多（Devadata）是佛陀的堂弟，他對佛陀懷著強烈的嫉妒心，一直想殺死或傷害佛陀，並且，曾在幾生當中企圖這樣做。這次，他將一頭發狂的大象趕到佛陀正要經過的路上，欲置佛陀於死地。佛陀從十根手指射出十隻獅子，將大象擋了下來。之後，大象向佛陀鞠躬，並將自己獻給佛陀。因爲吉萬是一種強效的藥材，而它是取自於象的身體，所以，用它來紀念佛陀制伏狂象的攻擊這件事蹟。

　　第八件吉祥物是**白芥菜子**，那是金剛手菩薩在佛陀示現神通的十五天之中獻給佛陀的。在佛陀住世期間，印度有六位著名的外道宗教上師，有一次，這六位上師聚在一起，爲了試圖羞辱佛陀，他們向佛陀挑戰做一次神通大賽。佛陀接受了❷，而比賽是在現今的藏曆與陰曆的一月初舉行的。佛陀示現神通，是從陰曆的一月一日至十五日。前八天的表演，六位外道上師都還在場，到了第八天時，佛陀用以下的方式將他們嚇

跑：從佛陀的寶座跳出金剛手菩薩，還帶著五位可怖的羅剎
（*rakshasas*）②。六位外道上師一看之下，嚇得拔腿而逃，再
也沒有回來。接下來的一週，佛陀在沒有競爭的情況下繼續示
現神通。當金剛手菩薩從佛陀的寶座出現時，他向佛陀獻上白
芥菜子，以資紀念這項事蹟。

　　這八件吉祥物雖然看似普通，但皆具重大的吉祥意義，因
為其中的每一件物品，都是為了紀念一項與佛法在世間的興
起、增長、法教，或佛法力量與利益的展現有關的特定事蹟。

八吉祥記和輪王七寶的來由

　　第二組供品是**八吉祥記**（eight auspicious signs or marks）❸。
這八種符號或標誌類似佛陀身體特定部位的形狀，因此將之當
作佛法的象徵。其中的第一種是我昨天提過的**寶傘**，因為寶傘
美麗的圓形，就像佛陀美麗的頭形。

　　第二種吉祥記是**金魚**。當佛陀雙目半閉，做禪坐姿態時，
佛陀雙眼的形狀就像金魚一樣。第三種是**寶瓶**，代表佛陀的
喉，一方面因為佛陀頸部的形狀似瓶；同時，珍貴的佛法出自
佛陀的喉間，如同寶瓶中流出的甘露一般，滿足一切眾生的需
要，解輪迴的渴，消除痛苦帶來幸福，而且它是永無窮盡的。

　　第四項是**海螺殼**，在此代表的是佛陀的語。海螺是用來做
為一種樂器的，同時，也可用來當作號角召喚遠方的人，它以
清亮有回響的聲音聞名。同樣地，佛陀的語音總是音量適中，

聲調悅耳，如果你坐在佛陀附近，他的聲音不會太大，但若你坐在遠處，卻依然可以聽見。

第五項是**寶勝幢**。寶勝幢代表佛陀身形總體所表現的美麗合宜的素質，那是比例完美的。他身體的每一部分都與其他部分搭配得恰到好處，不會感覺頭太大，而胳臂太短或腿太短等等。他的體形具有完美的比例。

第六項是**寶結**（the glorious knot）❹，那是代表佛陀的心。意思並不是說，真有像寶結一樣的圖案在他的胸膛上；它的意思是，佛陀的心清楚地了知一切，沒有極限。

第七項是**蓮花**，代表佛陀的舌，飽滿、細緻而修長。用這樣的舌，他可以清晰地說話，無論他想說什麼，他的發音都是完美的；此外，他的舌與唾液也可增加食物的美味。

第八項是**金輪**，那確實是在佛陀的腳掌上見到的圖案──一個金輪的形象。這代表佛陀轉法輪，使眾生得到解脫❺。

因為這八吉祥記是佛陀身體上自然產生的形象，或類似他的某些特質，因此，它們成為吉祥與美善的象徵。相信如果你將它們擺在家中或佩在身上，都會帶來吉祥。在此儀軌中，我們用它們做為供品，因此使我們聚集殊勝福德；同時，透過獻供，使一切阻礙修行者或一般眾生的不吉祥狀況得以避免。

在此部分的第三組供品是**輪王七寶**。金輪王是整個世界或宇宙的統治者，輪王七寶是在金輪王周遭確實可以找到的物件、動物及人物。我昨天曾經提過，七寶蘊含的意義是對應七等覺支，那是所有佛與菩薩必備的七種特質，做為開悟的要

素。七寶的第一件是**如意寶**，相當於信仰的美德。菩薩必須具有充足與堅定的信仰，做為開展一切優良品德的基礎。意思是說，如果一個人具有堅定的信仰，則所有其他的特質，如穩定的禪修、精進、對佛法的慧見等，必定會一一生起，進而使他有能力可以消除所有需要超越或放棄的一切。

第二等覺支是知識或慧見，亦即梵文的prajna，相當於七寶中的**輪寶**，使金輪王在對抗任何侵犯或戰爭中獲勝。同樣地，我們也需要靠知識或prajna來克服煩惱與無明❻。

第三等覺支是三摩地或甚深禪定，是知識或智慧必要的基礎。如果智慧是奠基在三摩地上，就會是穩定、平靜、有效，並且正確的；如果知識沒有三摩地做基礎，則知識會出軌而變得錯誤與狂野，將成為問題而不再是裨益。金輪王的第三件寶物是**王后寶**，王后約束他正當行事，撫慰他，使他馴服。所以，王后寶相當於三摩地。

第四等覺支是喜悅，是由正確的三摩地與智慧的運用所產生的。在這裡，喜悅指的是，像菩薩證初地（稱極喜地）（Utterly Joyful）③時的那種喜悅。在輪王七寶中，相當於喜悅的是**大臣寶**。此處列舉的大臣，是輔佐國王治理國事的賢臣，可以為國王解憂添喜；有時，也指宮廷的內務大臣，他也可以向國王提出諫言。

第五等覺支是精進，相當於**馬寶**。正如一匹良駒，可以載著國王快速地到達任何他想去的地方；同樣地，精進可以使菩薩培養三摩地與智慧的特質，以滅除煩惱，增益美德。

金輪王的第六件寶物是**象寶**。這頭象的意義在於牠的極端溫和與馴服，因此，以之代表七等覺支中的念等覺支，那是保持平靜的心，並時刻了然自己心中的所思所想與所作所爲。

最後的第七等覺支是平等捨，是菩薩超越對某些事物有所偏愛而憎惡其他事物的心態。透過平等捨，使菩薩制伏了煩惱。在輪王七寶中，相當於**將軍寶**，因爲將軍可以在戰爭中獲勝及擊敗侵略者。這些即是輪王七寶，我們以之做爲七等覺支的象徵來獻供。

外表上看來，我們是象徵性地獻輪王七寶，而在內心裡，我們是在獻七等覺支。獻七等覺支表示，我們致力培養自己的這七種美德。這樣做可以使我們走上眞正通往證悟之路，這是眾生最能使諸佛與菩薩歡喜的事。培養這七種及其他的美德，是我們能夠獻給諸佛與菩薩最好、也最眞誠的供品，因此，我們在這裡獻給他們。

觀想身、語、意的加持

下面我們要進行與持咒同時做的觀想。法本中說，觀想藥師佛在你的心中央，而在對生觀想的藥師佛心中有種子字**吽**，周圍環繞著咒語。接下來的細節是，你觀想有一個月輪——代表月亮的一個扁平白色光輪，平擺在你身體裡與心臟同高的位置。觀想藍色的種子字「吽」直立在月輪上，那代表藥師佛的心或智慧。觀想咒鬘（the garland of the mantra）④環繞著「吽」

字，並向四面放光❼。

觀想自身及對生心中的「吽」字，皆以咒鬘環繞。

喋雅他　唵　貝卡則　貝卡則　瑪哈　貝卡則　局紮

薩穆嘎喋　梭哈

（TAYATA OM BEKENDZE BEKENDZE MAHA BEK-
ENDZE RADZA SAMUDGATE SO HA）

盡力持誦（藥師佛心咒）

觀想過月輪、**吽**字，以及在自身及對生觀想中，藥師佛心
中的咒鬘之後，你想像有彩色的光，從自身觀想的心中射向對
生觀想。光打到對生觀想的心，而激發無量慈悲，使彩色光由
其心上的**吽**字與咒鬘發出，一直射到藥師佛的淨土——東方淨
琉璃世界。在這些光的末端，有獻供天女們捧著無數供品，向
藥師佛主尊及另外七尊藥師佛、十六菩薩眾等獻供。獻供是為
了激起諸本尊的慈悲心，使他們憶起許下的承諾，與所發的利
益眾生的誓願，而釋出他們的加持。

他們**身**的加持化成各種大小的藥師佛與他的協侍——大型
的、小型的、中等大小的。這些無數的主尊藥師佛、另外七位
藥師佛及菩薩眾，如雨滴般落下，融入觀想為藥師佛的你及對
生觀想，帶給你藥師佛及他的協侍們的身之加持。

在此同時，他們**語**的加持，是以彩色咒鬘的形式放射出
來。各種顏色的咒鬘自藥師佛的淨土像雨滴般灑下，融入觀想
為藥師佛的你及對生觀想，帶給你他們語的加持。

最後是他們**意**的加持，嚴格說來，它是無形的，在此為觀想之便，特以藥師佛手持之物為代表——訶子與盛滿妙藥與甘露的鉢。此諸物射出，並如雨滴般降下，融入觀想為藥師佛的你及對生觀想，帶給你意的加持。

如果你能夠觀想得清楚，所有這些步驟最好都依序緩慢地進行。在你繼續持咒的同時，想像有光從自我觀想放出來射到對生觀想，又從對生觀想向外射往淨土，緩慢地進行。特別是當身、口、意的加持，如雨滴般降臨融入你的身體時，你可以依次做觀想：首先觀想身的加持降臨，不要有任何匆忙，要觀想得相當清楚；之後，再觀想語的加持及意的加持。如果你發現觀想得非常不清楚，而你願意一口氣做完也可以。不過，如果你緩慢而一步步地做，會較強烈地感受到有加持進來。從容地做觀想，會使你產生真正的信心，真正感受到諸佛的加持降臨到你身上。

當你得到藥師佛以及其他諸佛與菩薩的加持時，各種惱人的事物——阻礙、疾病、魔的騷擾——都會消除，而慈悲、信心、虔敬、慧見等，則將代之而增盛。為了最有效地修加持降臨，專修當時最煩擾你的加持是個好辦法。譬如，你正苦於某種身體上的問題，像是生病或其他身體上的不適，或是某種精神方面的問題，某種煩惱、壓力或特定的憂慮，你可以專注於吸收諸佛與菩薩對於那些特定問題的加持。你可以專注於整體性地去除過錯與障礙，但也可以特別專注在你當時最關心的問題上。譬如，你可能感覺自己缺乏某種特質，如果你覺得自己

缺乏慧見、慈悲或信心，設想加持特別加強在你最感缺乏的特質上。你要感覺透過加持的吸取，那種特質眞正變得充沛，如同它是一種物質充滿你的全身一般。

結行

　　以上是通常正式修藥師佛法的觀想。噶瑪恰美仁波切在他所著的書《山法：閉關指南》（*Mountain Dharma: Instructions for Retreat*）中，推薦以下的觀想，用來消除疾病。你可以觀想自己是藥師佛，但主要的焦點是要觀想一尊小型的藥師佛，大不過四指的高度，在你身體正在生病的部位。所以，如果你頭上有病痛，就觀想有一尊小藥師佛在頭上；如果是手的問題，就觀想小藥師佛在手上；如果病痛在腳上，就觀想小藥師佛在腳上。觀想藥師佛在病痛的部位，並想像有光從這尊小而鮮明的藥師佛放出來，這些光不單只是光，它不是乾的，而是像甘露似的液態的光。這明亮的甘露或液態的光，將你的任何病痛都確實地加以清理並消除。你不但可以觀想小藥師佛在身上適當的部位，你同樣可以爲別人做，觀想小藥師佛在他們身上適當的部位，放光與甘露等，與對自己做時相同。

　　這種方法不但可用於身體的病痛，同時也適用於精神方面的問題。如果你想除掉某種焦慮、壓力、沮喪、恐懼，或任何一種精神方面的不愉快經驗，可以觀想一尊小藥師佛在你的頭頂上，然後，像前面講過的一樣，有明亮的甘露或液態的光從

他的身體發射出來，充滿你的身體，清除你所有的問題。

你或許覺得這些聽起來有點幼稚，不過，事實上它真正管用，你試做看看就會知道。

持咒之後，接下去是結行。

懺諸罪墮回善向菩提，
遠離病魔苦惱願吉祥。

首先是承認缺失。對自己曾犯過的錯誤和失當的行為，以懺悔的心說：「我承認所有的過錯與墮落。」緊接著，你將修法的功德或美德回向給所有眾生說：「願回向所有功德使開悟成佛。」然後，針對你的回向立一個吉祥誓願說：「透過功德的回向，願一切眾生免於疾病、有害的心境與痛苦。」

然後是壇城的分解。

諸世間尊各歸其淨土，
智慧三昧尊悉融我身，
希有難得本淨普賢界。

首先請退的是世間護法神，之後則是自身觀想與對生觀想的智慧尊之分解。當你說：「諸世間尊各歸其淨土」時，你設想十方的十位護方神、十二藥叉大將及四大天王——對生觀想中的世間護法神，各自回到他們平時所在的居處❽。留下來的還有藥師八佛及對生觀想中的十六位菩薩，他們是智慧尊化現為觀想的形象❾，你將之融入自身觀想的心中。之後，自身觀

想逐漸分解成光，而擴散到無盡的虛空，這時你說：「**我融入廣大純善的本初純淨。**」然後，將你的心安住在空性的覺受當中。

所有本尊修法皆包括兩個次第：生起次第與圓滿次第。從觀想本尊的形象、獻供等，直到重複持咒及同時做的觀想，這些皆屬生起次第的修持項目；接下去的觀想分解，及將心安住於空性這個部分，則屬於圓滿次第。要透過這兩個次第的修持，才得以確實地了悟法性，亦即事物的真如實相。觀想以及其他生起次第的修法，其功能在於減輕煩惱；而圓滿次第的修法，包括止與觀的修習，則可以消除煩惱。

我昨天曾經提及，佛教傳統中共有三種藥師佛法：一種長的、一種中等的及一種短的，我們修的這種是短的。雖然這種最短，卻公認是最有效的。長的與中等的，在風格與內容方面皆採經乘的方式；而這種短的，則是經乘與金剛乘兩種傳統的混合。因此，它雖然內容最簡短，卻最完整，因為它包含最詳盡的觀想。

在長與中等兩種藥師佛法中，因為它們完全是採經乘的方式，所以，有一個空性禪修的前行，之後，你想像一座宮殿做為對生觀想的處所，然後請諸本尊進住。這中間缺少像我們在修法中所做的，對諸本尊形貌的確切發展；此外，也沒有任何自身觀想，因為它是完全遵照經乘的方式。我們採用的藥師佛修法，包括金剛乘的自身觀想以及觀想的確切細節，所以，它被認為更有效、具更大力量。

問・答・錄

● **問**：仁波切，我對您詳細解說壇城獻供中的「七寶」很感興趣。我曾經在修四不共加行（ngöndro）⑤時，做過獻曼達，那裡面的供品，比我聽到您今天稍早所講述的相同供品，似乎具體得多。您對於金輪王「七寶」的描述，更著重在它們的象徵意義上。它們在某些修法當中更具體嗎？有不同的修法方式嗎？這些是不同的看法嗎？它們是源自於經、論，還是金剛乘？或者，它們是因人而異？

　　另外，我還有一個關於金輪王這位宇宙君王的問題。姑且不論對或錯，我們西方人總是認為民主最好，我只是想知道，這位金輪王似乎是位了不起的人物，不過他或她——您沒有提到性別——似乎在信心、穩定、努力等特質方面，都需要幫助。我們西方人發現，宇宙的君王或統治者之類通常最終都會出問題。可否請您告訴我，金輪王有何不同之處，使他的統治如此成功，因為我們未曾有過這樣的經驗？

● **仁波切**：對於你的第一個問題，「輪王七寶」是金輪王特有的財物，而七等覺支是菩薩在成佛之路上的必要資源，這兩者之間的對應關係是標準的。有的情況沒有說明獻輪王七寶的象徵意義，只是因為對獻供的意義未做詳細的解說而已。這種對應的關係在所有以輪王七寶為供品時，皆正確無誤。

　　關於你的第二個問題，金輪王只在歷史上的某些階段出

現，那些是最好的世代或階段。金輪王不同於某些宇宙獨裁者之處，在於他出現於人世間，是問題得到解決而不是問題產生的時候。當世間發生該由誰領導的爭論時，金輪王才會出現。金輪王自己並不汲汲於此，但他或她是利他主義的、有能力，並且廣受社會大眾推崇的，這促使他們居於權威的地位。當然，絕對有可能在金輪王的統治時代結束之後，如果有一個朝代建立起來，事情可能變糟，像你在問題中指出的。不過，到那時，他們就不再是金輪王了。

● 問：您是說，可能有女性的宇宙君王嗎？金輪女王？
● 仁波切：當然。

● 問：Sangye Menla（藏文，藥師佛）的梵文名字是什麼？
● 譯者：在經中，最常見到的名字是 *Bhaishajyai Guru*，意思是藥師。將它譯成藏文，就成為 *Mengyi Lama*，或簡稱 *Menla*。因此，我們稱他為 Sangye Menla 或藥師佛。Menla 的字義是醫藥上師（Medicine Guru）。

● 問：仁波切，您一再談到，幾乎所有的修法，可以說都是真正修持的背景，而真正有用的修持是修信心與虔敬。看來，所有修法多少都應該著重這方面的加強。您說「強烈的祈請」，在我修法時，那種覺受曾經來過，我感到信仰的熱誠；而在其他時候，我非常希望也能有這種覺受，因為我真

的覺得需要它。您談到升起菩提心或升起信心，升起的過程是怎樣的？我可以把這個想法放在心裡，不過，如果心裡也充滿懷疑與譏諷⋯⋯我來自一個質疑、追究，以及對哲學理論不輕易接受的文化，要談絕對信仰這類概念，對我是很困難的。有什麼方法可以產生強烈的信仰？

● **仁波切**：方法是試從聞法而生信心，亦即透過研習而得。經由研習正法的義理，你將發現正確的理由對之產生信心。那很自然地，會讓信心成為理所當然的事。

● **問**：仁波切，咒語的英文翻譯是什麼？觀想加持，以小藥師佛及缽與果等降下並持咒，要到何時停止？當停止的時候還未到分解，是嗎？那時，我們以什麼為依止？

● **譯者**：你是說，在加持降臨結束而觀想分解之前嗎？

● **問**：是的。

● **仁波切**：你們所持的咒，基本上是在藥師佛的名號上用心，那大致上就是用梵文誦藥師佛的名號。你何時停止一再地觀想接收身、語、意的加持，由你自己決定。你可以在整個持咒的期間繼續那樣觀想，如此就與做曼達的分解沒有多少間隔；或者，你可以不時停下觀想，而依止在虔敬上。你不需要在持咒的每一刻，將那些東西融入你的身體，只要有信心與虔敬，沒有必要持續不停。

● **問**：這個咒語最好用來唸給瀕死的動物嗎？剛剛死去的動物怎樣辦，要盡快唸是不是？

●**仁波切**：咒語對才死去的動物還是有益的。當然，在動物未死之前，功效最大；不過，死後仍然對牠們有益。

●**問**：仁波切，多謝您的開示。由於藥師佛的誓願，是否適合將藥師佛的像擺在屋子中心的起居室裡，特別是家中其他的人都覺得母親超怪異的時候？〔笑聲〕另外，有人告訴過我，在瀕死或死去的動物身邊誦唵嘛呢唄美吽（*om mani peme hung*）⑥。誦藥師佛心咒會更恰當嗎？

●**仁波切**：誦唵嘛呢唄美吽或藥師佛心咒，對於瀕死的動物是同樣有益的，所以可以隨你選擇。觀世音菩薩與藥師佛都發過誓願，要特別在這方面利益眾生，誦哪一個都好，沒有關係。至於你的第一個問題：擺一幅大而醒目的藥師佛像在屋子正中央，長期來說，會對你的家人有益，不過，從你的問題顯示出來，那可能在短期內引發更多問題；特別是，可能產生更多抗拒。讓你的家人在較不刻意的情況下接觸到藥師佛，或許比較好，而不是硬塞到他們面前。

●**問**：將一小幅唐卡掛在牆上會比較好嗎？

●**仁波切**：如果不至於影響到家庭的和諧，那樣當然很好；如果會的話，還是讓他們在家庭之外接觸到較妥當。

　　今天早上就到此為止。最後，我們回向功德。

原註

❶ 傳承祈請文：見Shenpen Ösel, Vol.3, No.3，頁11，英文翻譯版本，網址：http://www.shenpen-osel.org。

❷ 佛陀接受了神通大賽：這是一個很有趣的故事，因為實際上佛陀雖然接受了，卻一再推托，最後才終於接受挑戰。這件事蹟在一行禪師（Thich Nhat Hanh）所著的《故道白雲》（*Old Path White Clouds*）（譯註：即《一行禪師說佛佗故事》）一書中，有詳細描述。

❸ 八吉祥記：英文通常稱為eight auspicious symbols，本書此處的原文作eight auspicious signs or marks。

❹ 寶結（the glorious knot）：有時稱其為無盡結（the endless knot）或永恆結（the knot of eternity）。

❺ 法輪：這裡描述的是釋迦牟尼佛，但這些特點是所有的佛皆具備的，不論男女。

❻ 知識或智慧（prajna）：很重要的是，要了解prajna一詞，包括知識、智慧，及其最高形式的本初覺知或超越覺知等概念。俗世知識（醫藥、文學、企業管理、經濟學及人類學）是prajna的一種形式；而對佛陀以及其他證悟者之法教的知識，是靈性的prajna。俗世與靈性prajna皆需以資訊的獲得為基礎，雖然它們可能有許多實用的利益，但僅靠它們並不能使一個人解脫根本的苦因。只有最高形式的prajna，jnana——本初覺知，它是沒有在覺察者與所覺察之物的經驗上有任何添加的，才可以解除一個人的根本苦因。

❼ 種子字與咒鬘：在自身及對生觀想中，立於本尊心上的種子字吽，是朝向前方的，與本尊同一方向。用藏文觀想的咒鬘是朝外的，意思是，你可以站在藥師佛外面，但不能從心上的吽字的角度讀它；由喋雅他開始，在中央種子字吽的正前方，繞著吽字圍成圓圈。

❽ 世間護法神：英譯者在這裡所稱的mundane deities（中譯作世間護法神，mundane：俗世的、塵世的），事實上，如果我們遇見他們其中之一，恐怕怎樣也不會認為他們是世間的，正如我們若遇見飛俠哥頓（Flash Gordon，卡通影片飛俠哥頓中的主人翁）或達斯·維德（Darth Vader，電影「星際大戰」中的黑武士）時，也很難當他們是世間的。這些mundane deities時常被稱為worldly deities，意思是，雖然據說他們住在某處的佛土，並且法力無邊，但沒聽說他們已達證悟。佛教徒承認這些護法神的世俗諦，向他們獻供使他們歡喜，禮貌地請他們不要煩擾修行者，請求他們的保護，甚至有時請他們幫忙解決天候的問題，但不對他們皈依，因為他們本身也尚未解脫輪迴。

❾ 智慧尊：即智慧薩埵與三昧耶薩埵。

譯 註

① 魔羅（Mara）：指惡魔，通常在佛典之中，又稱為天魔波旬，曾在佛陀證悟的過程中，幾次前來阻撓。

② 羅刹（rakshasas）：原本是印度神話中的惡魔，具有神通力，但在部分佛教經典中，也成為佛教的守護神。

③ 極喜地（Utterly Joyful）：為十地之一，菩薩在修行證悟的過程中，分為許多不同的階段，佛教各經典的說法都不一樣。其中依《華嚴經》的記述，分為十個階段，稱之為十地，分別是：極喜地、離垢地、發光地、熘慧地、難勝地、現前地、遠行地、不動地、善慧地和法雲地。

④ 咒鬘（the garland of the mantra）：將一句咒語排列成圓圈的形狀。

⑤ 加行（ngöndro）：是指準備進入佛法修行的預備工作。加行又分為四共加行和四不共加行。顧名思義，四共加行是指所有佛教派別共同遵行的準備之道，就是思惟四種基礎的觀念，包括：人身難得、生命無常、業與因果和輪迴是苦。而四不共加行則是藏傳佛教的金剛乘所獨有的，包括：皈依大禮拜、金剛薩埵法、獻曼達和上師相應法。

⑥ 唵嘛呢唄美吽（om mani peme hung）：即六字大明咒，這是觀世音菩薩的心咒，代表「皈依蓮華上的摩尼珠」之意，是一切福德智慧和諸行的根本。

第二部

藥師佛儀軌

※本部除〈吉祥祈願回向文〉外,均依照原書內容呈現,然儀軌之中文翻譯則以「台灣省曼殊翻譯學會」譯〈藥師琉璃光法流儀軌〉為主要依據。

悲心普被眾生之世尊，僅聞其名能除惡道苦；

除三毒病之藥師如來，祈願琉璃光耀顯吉祥。

所有病苦之眾生，祈願迅速離病苦；

眾生一切之病痛，祈願永遠不出生。

眾藥具足藥效力，願持密咒得成就；

空行與諸羅剎眾，願皆具足悲憫心。

藥師琉璃光法流儀軌

ༀ། །དགོངས་གཏེར་ཐུགས་ཀྱི་སྒྲོང་གསལ་གྱི་ཟུར་རྒྱན་གནས་ཚོགས་ཉིད་ནས་ཟུར་དུ་བཏེགས་པ་སྨན་བླའི་ཆོག

天法所集結密意藏明淨意界之頂嚴

ཞེས་དུ་རི་ཆ་རྒྱུན་བཞུགས་སོ།།

藥師琉璃光法流儀軌

簡介

ཨོཾ་ཨེ་མ་ཧོ། དུ་སྐྱེ་རྡོ་ཡ། འདི་ལ་འརྫིན་པ་སྐུལ་བྱའི་ཞལ་ཤང་མདུན་དུ་པའི་མཆོད་པ་མཆལ་མ་མཆོད་པ་བཀའ་པ་ཙ་འབྱོར་བ་རྣམས་ལ་མ་ཚོགས་རྫོགས།

མེད་ན་མདུན་བསྐྱེད་རྣམ་མཁར་གཤེགས། མཆོད་པ་ཡེད་ཀྱི་སྐུལ་ཚོག་པ་མ་ཙ་ཡང་མི་དགོས་སོ། འདི་རྒྱ་མེད་ལུགས་ཡིན་པས།

འརྫིན་མཁན་ག་ཆང་སྲུང་བ་དང་ཁྲུས་དང་ཆབ་སོགས་གཙང་སྒྱུ་མི་དགོས། ཆེན་རྒྱང་འདིའི་དབང་ལུང་ནི་དེས་པར་ཐོབ་དགོས་ཏེ།

རྒྱ་མེད་གཞང་ལུགས་ལུགས་ཡིན་པའི་ཕྱིར་རོ། བདག་མདུན་དུས་གཅིག་ལ་བསྐྱེད་བ་ཉེའི་མའི་ལུགས་ཡིན་པས་སོ་སོར་མི་དགོས་སོ།

ཙིང་མ་ཕྱེར་བསྐོམ་ཡིན་པས་ཚིག་དོན་ཡིན་ཀྱི་བསྐོམ་ཞིང།

拿麼瑪哈貝卡則　　修此法時，應於藥師佛像前，盡力陳設曼達等上妙供品，以積聚資糧。若無法如此，可觀想於對生虛空變現供養。本軌乃無上密法，修持者無須斷酒肉及淨身，然必須獲得本法之灌頂與口傳。自、對生同時觀想，如舊教法；無須各別作觀，應如舊教法之隨誦隨觀。

ༀ། གསོལ་འདེབས་ནི།

祈請文

ཞེ་མོ་བྷི་ཥ་ཛྱེ་མ་ཧཱ་རཱ་ཛཱ་ཡེ༔

拿麼　貝卡則　瑪哈　局紮耶

བསོད་ནམས་ཡོན་ཏན་རྒྱ་མཚོའི་གཏེར་མངའ་ཞིང་།

雛南_木　元殿　嘉措　喋_爾^恩阿興

圓具福德大海寶藏者，

བསམ་གྱིས་མི་ཁྱབ་ཐུགས་རྗེའི་བྱིན་རླབས་ཀྱིས།

薩_木吉　米嘉_不　突_克傑　欽拉_普吉

您以無比大悲加持力，

འགྲོ་བའི་སྡུག་བསྔལ་གདུང་བ་ཞི་མཛད་པ།

卓威　都_克^恩阿_爾　東哇　西則巴

平息眾生痛苦與憂傷，

ཕི་ནུ་རུའི་འོད་ལ་གསོལ་བ་འདེབས།

班杜_爾　呀宜　偉拉　梭_爾哇喋_不

藥師琉璃光佛我祈請。

ཤིན་ཏུ་སེར་སྣ་དྲག་པོས་རབ་བཅིངས་པས།

信都　瑟_爾那　札_克悲　囷_不淨貝

受到極端吝嗇束縛之

ཡི་དགས་གནས་སུ་སྐྱེ་བའི་སྐྱེ་བོ་ཡིས།

易達_克　涅速　皆威　皆喔宜

投生餓鬼道之諸眾生，

ཁྱོད་མཚན་ཐོས་ན་མིར་སྐྱེ་སྦྱིན་པ་དགའ།

卻粲　推那　米_爾皆　欽巴嘎

若聞您名轉生樂施人，

བཅོམ་ལྡན་སྨན་གྱི་བླ་ལ་གསོལ་བ་འདེབས།

烟_木滇　面吉　拉拉　梭_爾哇喋_不

世尊藥師如來我祈請。

།ཚུལ་ཁྲིམས་འཆལ་དང་གཞན་ལ་གནེ་བརྩོན་པས།

曲_爾粹 治_爾當 賢拉 謝瓊貝

違犯戒律樂於毀他人，

།དམྱལ་བར་སྐྱེ་བའི་འགྲོ་བ་འདི་དག་གིས།

釀_爾哇_爾 皆威 卓哇 迪達_克格_以

因之投生地獄之眾生，

།ཁྱེད་མཚན་ཐོས་ན་མཐོ་རིས་སྐྱེ་བར་གསུངས།

卻粲 推那 託瑞_以 皆哇_爾松

若聞您名說能生善道，

།སྨན་གྱི་རྒྱལ་པོ་དེ་ལ་གསོལ་བ་འདེབས།

面吉 傑_爾波 喋拉 梭_爾哇喋_不

至尊藥王如來我祈請。

།ཁང་དག་དབྱེན་དང་ཕྲ་མ་དུ་མ་ཡིས།

康達_克 耶當 札瑪 突瑪宜

一切挑撥離間與兩舌，

ཁྲབ་ཏུ་འབྱེད་ཅིང་ལུས་སྲོག་ཁྲལ་བ་དག

屙_不都　傑淨　呂梭_克　札_爾哇達_克

造成嚴重分裂喪性命，

ཁྱོད་མཚན་ཐོས་ན་དེ་དག་འཚེ་མི་ནུས

卻粲　推那　喋達_克　策米女

若聞您名彼等盡不害，

སྨན་གྱི་རྒྱལ་པོ་དེ་ལ་གསོལ་བ་འདེབས

面吉　傑_爾波　喋拉　梭_爾哇喋_不

至尊藥王如來我祈請。

མཚན་ལེགས་གསེར་བཟང་དྲི་མེད་སྒྲ་བ་དང

粲咧_克　瑟_爾桑　尺_以美　囊哇當

善名稱與金寶光妙行，

མྱ་ངན་མེད་མཆོག་དཔལ་དང་ཆོས་བསྒྲགས་དབྱངས

娘阿恩　美秋_克　佩_爾當　卻札_克揚

無憂最勝法海雷音尊，

།མ་རྫོན་བ་ཕྱིན་རྒྱལ་པོ་སྒྲ་དབྱངས་རྒྱལ་པོ་དང་།

恩臣 傑_爾波 札揚 傑_爾波當

勝慧神通王與威音王，

།ཤཱཀྱའི་རྒྱལ་པོ་རྣམས་ལ་གསོལ་བ་འདེབས།

釋迦 傑_爾波 南_木拉 梭_爾哇喋_不

釋迦國王等眾我祈請。

།འཇམ་དཔལ་སྒྲོལ་ཕྱག་ན་རྡོ་རྗེ་འཛིན།

姜_木佩_爾 嘉_不卓_爾 嘉_克那 多_爾傑進

文殊救脫金剛手菩薩，

།ཚངས་དབང་བརྒྱ་བྱིན་ཕྱོགས་བཞིའི་རྒྱལ་པོ་བཞི།

倉旺 嘉欽 秋_克息 傑_爾波息

梵天帝釋四方四天王，

།གནོད་སྦྱིན་སྡེ་དཔོན་ཆེན་པོ་བཅུ་གཉིས་སོགས།

虐欽 喋本 間波 究尼梭_克

十二護法藥叉大將等，

ཊཀྱིལ་འཁོར་ཡོངས་སུ་རྫོགས་ལ་གསོལ་བ་འདེབས།

吉_爾擴_爾 雍速 作_克拉 梭_爾哇喋_不

壇城善妙圓滿誠祈請。

དེ་བཞིན་གཤེགས་པ་བདུན་གྱི་སྨོན་ལམ་མཚོ།

喋信 謝_克巴 敦吉 悶浪_木多

七眾如來發願之經典，

སྨན་གྱི་བླ་ཡི་མཚོ་སྟེ་ཉིད་དང་ནི།

面吉 ^哈拉宜 多喋 尼當尼

以及藥師如來之經典，

མཁན་ཆེན་ཞི་བ་འཚོས་མཛད་གཞུང་ལ་སོགས།

堪欽 息哇 翠則 松拉梭_克

堪欽靜命所著典籍等，

དམ་ཆོས་གླེགས་བམ་ཚོགས་ལ་གསོལ་བ་འདེབས།

唐_木卻 咧_克哇_木 措_克拉 梭_爾哇喋_不

正法經卷匯集誠祈請。

།བོ་དྷི་སཏྭ་ཁྲི་སྲོང་ལྡེའུ་བཙན་སོགས།

菩提 薩埵 赤_以松 德贊梭_克

菩提薩埵赤松德贊等，

།ལོ་པཎ་རྒྱལ་བློན་བྱང་ཆུབ་སེམས་དཔའ་དང་།

羅盼 傑_爾隆 強究_普 森_木巴當

譯師學者王臣與菩薩，

།བརྒྱུད་པའི་བླ་མ་དམ་པ་ཐམས་ཅད་དང་།

居貝 拉瑪 唐_木巴 湯_木皆當

所有正法傳承上師眾，

།ཆོས་སྐྱི་དབང་ཕྱུག་སོགས་ལ་གསོལ་བ་འདེབས།

卻吉 旺究_克 梭_克拉 梭_爾哇喋_不

卻吉旺究聖眾誠祈請。

།དེ་ལྟར་གསོལ་བ་བཏབ་པའི་བྱིན་རླབས་ཀྱིས།

喋大_爾 梭_爾哇 大_不貝 欽拉_普吉

以此發願祈請加持力，

ཁྣས་སྐབས་ནད་དང་འཇིགས་པ་སྣ་ཚོགས་ཞི།

湟嘎_普 涅當 吉_克巴 那措_克息

各種暫時病痛恐懼除，

འཆི་ཚེ་ངན་སོང་འཇིགས་པ་ཀུན་ཞི་ནས།

契策 恩松 吉_克巴 棍息涅

死時惡道障難皆除滅，

བདེ་བ་ཅན་དུ་སྐྱེ་བར་བྱིན་གྱིས་རློབས།

喋哇 千突 皆哇_爾 欽吉洛_普

投生極樂淨土祈加持。

皈依及發菩提心

ན་མོཿ   དཀོན་མཆོག་གསུམ་དང་རྩ་བ་གསུམཿ

拿麼 棍秋_克 速_木倘 紮哇 速_木

禮敬三寶三根本，

སྐྱབས་གནས་རྣམས་ལ་སྐྱབས་སུ་མཆིཿ

嘉_不涅 南_木拉 嘉_不速 契

皈依一切皈依處。

འགྲོ་ཀུན་སངས་རྒྱས་ལ་འགོད་ཕྱིརཿ

卓棍 桑傑 拉皈 契_爾

爲令眾生悉成佛，

བྱང་ཆུབ་མཆོག་ཏུ་སེམས་བསྐྱེད་དོཿ

強秋_不 秋_克都 森_木皆 多

今發殊勝菩提心。

（以上重複三次）

གདག་སྟོང་ནས་སྤྲུལ་པ་ཡི༔

嘎他_克 隆涅 竹_爾巴 宜

從本淨界所化現，

གནམ་ས་གང་བའི་མཆོད་པའི་སྤྲིན༔

南_木薩 康威 卻貝 眞_因

遍布天地妙供雲，

མཎྜལ་རྒྱལ་སྲིད་ལྷ་མོར་བཅས༔

曼札_爾 嘉_爾夕 ^哈拉嫫_爾 界

曼達諸寶天女俱，

（原文爲輪王寶——金輪、摩尼、后妃、大臣、象、馬、將軍等七寶）

ཟད་མེད་འགྱུར་ཅིག་པུ་ཇ་ཧོ༔

瑟美 秋_爾吉_克 布紮 霍

祈願供養無窮盡。

འགྲོ་ཀུན་བདེ་ལྡན་སྡུག་བསྔལ་བྲལ༔

卓棍 喋滇 讀_克 ^恩阿_爾 察_爾

眾生具樂離痛苦，

བདེ་ལས་ཉམས་མེད་བཏང་སྙོམས་ཤོག༔

喋咧 釀木美 當紐木 修克

祈不失樂平等捨。

觀想

ཨོཾ་སྭ་བྷཱ་ཝ་ཤུདྡྷཱཿ སརྦ་དྷརྨཱཿ སྭ་བྷཱ་ཝ་ཤུདྡྷོ྅ཧཾཿ

唵　梭巴哇　修達　薩_爾哇　達_爾瑪　梭巴哇　修多　杭_木

（觀空咒）

སྟོང་པ་ཉིད་དུ་གྱུར༔

東巴尼　突秋_爾

化爲空性。

སྟོང་པའི་ངང་ལས་སྟོང་གསུམ་འདི༔

東貝昂咧　東速_木迪大那

空性所化三千界，

ཕུན་སུམ་ཚོགས་ཀྱི་ཞིང་ཁམས་དུ་གྱུར་པའི་ནང་དུ༔

讀_克格_以波昌突　秋_爾貝囊突

莊嚴寶刹殿中現，

 སེང་གེའི་ཁྲི་པད་ཟླ་སོ་སོའི་སྟེང་དུ༔

僧給_以赤_以悲達　梭梭_以丁突

各各獅座蓮月上，

རང་ཉིད་དང་མདུན་བསྐྱེད་ཀྱི་གཙོ་བོའི་ས་བོན་ཧཱུྃ་མཐིང་ཁ་ལས༔

讓尼倘　敦皆吉　作喔_以薩本　吽_木　聽卡　咧

自身、對生之主尊，藍色種字「吽」化現，

སྨན་བླ་སྐུ་མདོག་བཻཌཱུཪྻ་ལྟ་བུ་འོད་ཟེར་འཕྲོ་བའི་སྐུ་ཅན༔

面拉　固多_克　貝珠_爾呀　大樸　偉瑟_爾綽威

藥師佛身如琉璃，（透明亮麗的天藍色寶光）

ཆོས་གོས་གསུམ་གྱིས་བཀླུབས་པ༔

固間　卻葵速_木吉　露_不巴

放光三法衣嚴飾，

ཕྱག་གཡས་མཆོག་སྦྱིན་ཨ་རུ་ར་དང་༔

洽_克耶　秋_克津　阿如固　倘

右手持訶勝施印，（持藥王訶子）

གཡོན་པ་མཉམ་བཞག་ལྷུང་བཟེད་འཛིན་པ༔

元　釀木暇克　哈隆瑟　進巴

左手托缽結定印,

མཚན་དཔེ་རྫོགས་ཤིང་རྡོ་རྗེ་སྐྱིལ་ཀྲུང་གིས་བཞུགས་པ༔

粲貝　作克興　多爾傑吉爾仲　格以　修克巴

相好圓滿跏趺坐；（原文作金剛跏趺坐）

ཁྱད་པར་དུ་མདུན་བསྐྱེད་ཀྱི་འདབ་མ་རྣམས་ལ༔

切巴爾突　敦皆吉　達不瑪　南木拉

特於對生蓮瓣上,

ཐུབ་དབང་ལ་སོགས་པའི་སངས་རྒྱས་བདུན་　དང་ཆོས་པུ་སྟི༔

突不旺　拉梭克貝　桑傑敦倘　卻布地

安住七佛及經卷；

དེ་རྒྱབ་སེམས་དཔའ་བཅུ་དྲུག༔

帖嘉不　森木巴　究出克

其後十六菩薩眾,

དེ་རྒྱབ་འཇིག་རྟེན་སྐྱོང་བ་བཅུ་དང་༔

帖嘉_不　吉_克殿炯哇　究倘

次後十位庇世神，（原文作世間守護神）

སྡེ་དཔོན་ཆེན་པོ་བཅུ་གཉིས་སོ་སོའི་འཁོར་དང་བཅས་པ༔

喋本究尼　梭梭_以　擴_爾倘皆巴

十二藥叉眷拱衛，

སྒོ་བཞི་ལ་རྒྱལ་པོ་ཆེན་པོ་བཞི་དང་བཅས་པའི༔

國息拉　嘉_爾波千波息　倘皆貝

四大天王守四門。

གནས་གསུམ་ཡི་གེ་གསུམ་དང

涅速_木　宜給速_木倘

諸尊三處三種字，（唵阿吽）

ཐུགས་ཀའི་ཧཱུྃ་ལས་འོད་འཕྲོས་པས༔

突_克給　吽咧　偉炊貝

及心「吽」字齊放光，（藥師佛心輪種子字）

ཤར་ཕྱོགས་ཀྱི ། སངས་རྒྱས་སོ་སོའི་ཞིང་ཁམས་ནས༔

夏_爾秋_克吉　桑傑　梭梭_以興康_木涅

於各東方佛剎土，

ཡེ་ཤེས་པ་དཔག་ཏུ་མེད་པ་སྤྱན་དྲངས་ནས་བདག་མདུན་རྣམས་ལ་ཐིམ་པར་གྱུར༔

耶謝巴　巴_克都美巴　見昌涅　達_克敦南_木拉　聽_木巴_爾秋_爾

迎請無量智慧尊，融入自對諸尊眾。

ཧཱུྃ༔　སྨན་བླ་མཆེད་བརྒྱད་ལྷ་ཚོགས་མ་ལུས་རྣམས༔

吽　面拉　切界　^哈拉措_克　瑪呂　南_木

吽　藥師昆仲八佛無餘眾，

གནས་འདིར་སྤྱན་འདྲེན་བྱིན་ཆེན་དབབ་ཏུ་གསོལ༔

涅迪_爾　見眞　欽千　哇_不都　梭_爾

祈請降臨垂賜大加持，

སྐལ་ལྡན་དད་ལྡན་བདག་ལ་དབང་མཆོག་བསྐུར༔

嘎_爾滇　帖滇　達_克拉　旺秋_克　固_爾

爲我具緣具信勝灌頂，

ལོག་འདྲེན་ཚེ་ཡི་བར་ཆད་བསལ་དུ་གསོལ༔

洛_克眞 策宜 琶_爾切 薩_爾突 梭_爾

祈求淨除邪引與壽障。

ན་མོ་མ་ཧཱ་བྷཻ་ཥ་རེ་སཱ་ར་བཛྲ་ས་མ་ཡ་ཛཿཛཿ

拿麼 瑪哈 貝卡則 薩巴瑞哇局 邊紮 薩瑪呀 紮紮

(迎請咒)

བཛྲ་ས་མ་ཡ་ཏི་ཥྚ་ལྷན༔

邊紮 薩瑪呀 滴叉_哈廉

(合一咒)

ཨོཾ་ཧཱུྃ་ཏྲཱཾ་ཧྲཱིཿཨཱཿ

唵 吽 張 舍_以 阿

(五方佛種子字)

ཨ་བྷི་ཥིཉྩ་ཧཱུྃ༔

阿比肯紮 吽

(請求給予灌頂)

ཧཱུྃ༔ མེ་ཏོག་བདུག་སྤོས་མར་མེ་དྲི༔

吽　美多_克　都_克悲　瑪_爾美　尺_以

吽　妙華薰香燈塗香，

ཞལ་ཟས་རོལ་མོ་ལ་སོགས་དང་༔

暇_爾瑟　若_爾摩　拉梭_克　巴

妙食以及伎樂等，

གཟུགས་སྒྲ་དྲི་རོ་རེག་བྱ་ཆོས༔

蘇_克札　尺_以若　惹_克洽　卻

色聲香味觸諸法，

བདག་གིས་ལྷ་ལ་མཆོད་པ་འབུལ༔

達_克格_以　哈拉拉　卻巴　布_爾

我以供養諸尊前，

བདག་ཅག་ཚོགས་གཉིས་རྫོགས་པར་ཤོག༔

達_克嘉_克　措_克尼　作_克巴_爾　修_克

願圓我等二資糧。（福慧二資糧）

ༀ་བཛྲ་ཨ་ཀྲོ　　　པུ་ཙེ　　　པུ་ཙེ　　　སྨ་དྱེ　　　ཨ་ལོ་ཀེ　　　གནྡྷེ　　　ནཻ་བྱཻ　　　ཤཔྟ

唵邊紮　阿_爾岡　巴當　布貝　都貝　阿洛給　根喋　涅威喋　夏_不達

རུ་པ　　　ཤཔྟ　　　གནྡྷེ　　　ར་ས　　　སྤྲེ　　　པ་ཏི་ཧཱུྃ

如巴　夏_不達　根喋　侷薩　斯_爾謝　札地擦　吽

（供養咒）

ཧཱུྃ　　　བཀྲ་ཤིས་གཏོ་བོ་རྟགས་བརྒྱད་དེ

吽　札希　作喔　則界　帖

吽　最勝吉祥此八物，

（寶鏡、乳酪、吉祥草、木瓜、白螺、牛黃、黃丹、白芥子）

གཙོ་མཆོག་རྒྱལ་པོ་ཡུངས་དཀར་སོགས

作秋_克　嘉_爾波　雍嘎_爾　梭_克

最勝王者白芥等，

བདག་གིས་ལྷ་ལ་མཆོད་པ་འབུལ

達_克格_以　^哈拉拉　卻巴　布_爾

我以供獻諸尊前，

ཚོགས་གཉིས་ཡོངས་སུ་རྫོགས་པར་ཤོག །

措_克尼 雍速 作_克巴_爾 修_克

願圓福慧二資糧。

མངྒ་ལ་ཨརྠ་སིདྡྷི་ཧཱུྃ །

芒嘎浪_木 阿_爾他 悉地 吽

ཧཱུྃ །བཀྲ་ཤིས་གཙོ་བོ་རྟགས་བརྒྱད་དེ །

吽 札希 作喔 達_克界 帖

吽 最勝吉祥此八誌，

（寶傘、寶幢、寶瓶、蓮花、金魚、白螺、金輪、吉祥結）

གཙོ་མཆོག་རྒྱལ་པོ་བུམ་པ་སོགས །

作秋_克 嘉_爾波 本_木 巴 梭_克

最勝王者寶瓶等，

བདག་གིས་ལྷ་ལ་མཆོད་པ་འབུལ །

達_克格_以 ^哈拉拉 卻巴 布_爾

我以供養諸尊前，

ষེམས་ཅན་ཚོགས་གཉིས་རྫོགས་པར་ཤོག།

森_木間　措_克尼　作_克巴_爾　修_克

願圓有情二資糧。

མཎྜལ་གུརུ་ཧཱུཾ།

芒嘎浪_木　固_木巴　吽

ཧཱུཾ། འདོད་ཡོན་གཙོ་བོ་རིན་ཆེན་བདུན།

吽　堆元　絮哇　仁_因千　敦

吽　根本妙欲七珍寶，

（輪王七寶——金輪、摩尼、后妃、大臣、象、馬、將軍等七寶）

གཙོ་མཆོག་རྒྱལ་པོ་ནོར་བུ་སོགས།

作秋_克　嘉_爾波　諾_爾樸　梭_克

最勝王者摩尼等，

བདག་གིས་ལྷ་ལ་མཆོད་པ་འབུལ།

達_克格_以　^哈拉拉　卻巴　布_爾

我以奉獻諸尊前，

བདག་ནི་ཚོགས་གཉིས་རྫོགས་པར་ཤོག །

達_克尼 措_克尼 作_克巴_爾 修_克

願我圓滿二資糧。

ༀ་མ་ཎི་པདྨེ་ཧཱུྃ།

唵 瑪尼 叭_大那 吽

ཧཱུྃ། ཀུན་གྱི་གཙོ་བོ་རི་རབ་གླིང་།

吽 棍吉 作喔 瑞_以 叧_不 令

吽 一切之最須彌洲，

རི་རབ་གླིང་བཞི་གླིང་ཕྲན་བཅས།

瑞_以 叧_不 令息 令趁 界

須彌四洲及小洲，

བདག་གིས་ལྷ་ལ་མཆོད་པ་འབུལ།

達_克格_以 ^哈拉拉 卻巴 布_爾

我以供養諸尊前，

ཚོགས་གཉིས་ཡོངས་སུ་རྫོགས་པར་ཤོག༔

措_克尼　雍速　作_克巴_爾　修_克

願悉圓滿二資糧。

ཨོཾ་རཱུ་མཎྜལ་ཧཱུྃ༔

唵　冏_大那　曼達拉　吽

ཧཱུྃ༔ བདག་གིས་དྲི་ཞིམ་དྲི་ཆབ་ཀྱིས༔

吽　達_克格_以　尺_以滇　尺_以洽_不　吉

吽　我以諸香及香水，

བདེ་གཤེགས་སྐུ་ལ་སྐུ་ཁྲུས་གསོལ༔

喋謝_克　固拉　固出_玉　梭_爾

祈請沐浴善逝身，

ལྷ་ལ་དྲི་མ་མི་མངའ་ཡང་༔

哈拉拉　尺_以瑪　米_恩阿　揚

尊身雖無諸垢穢，

ষ্ৰিग་ষ্ক্রীব་དগাবའི་হྱེན་འབྲེল་བগྱི༔

迪_克知_以 他_克貝 滇哲_爾 吉

為淨罪障之因緣。

ཨོཾ་སརྦ་ཏ་ཐཱ་ག་ཏ་ཨ་བྷི་ཥེ་ཀ་ཏེ་ས་མ་ཡ་ཤྲི་ཡེ་ཧཱུཾ༔

唵 薩_爾哇 大他嘎大 阿比肯 嘎喋 薩瑪呀 夕瑞_以耶 吽

(賜予灌頂咒)

ཧཱུཾ༔ རས་དཀར་འཇམ་ཏེ་སྤྲུན་པ་ཡིས༔

吽 惹嘎_爾 姜_木尺_以 滇巴 宜

吽 香滑柔軟淨白巾,

རྒྱལ་བའི་སྐུ་ཉིད་ཕྱི་བར་བགྱི༔

嘉_爾威 固尼 契哇_爾 吉

拂拭如來之尊身,

སྐུ་ལ་དྲི་མ་མི་མངའ་ཡང་༔

^哈拉拉 尺_以瑪 米^恩阿 揚

尊身雖無諸垢穢,

 སྡུག་བསྔལ་བྲལ་བའི་རྟེན་འབྲེལ་བགྱི༔

讀_克 ^恩阿_爾 察_爾威 滇哲_爾 吉

爲作離苦之因緣。

ཨོཾ་ཀཱ་ཡ་ཝི་ཤུ་དྡྷ་ནི་ཧཱུྃ༔

唵 嘎呀 比夏達尼 吽

ཧཱུྃ༔ ན་བཟའ་མཛེས་ལྡན་དུར་སྤྲུག་འདི༔

吽 那撒 則滇 ^恩努_爾米_克 迪

吽 天衣燦麗此袈裟,

རྒྱལ་བའི་སྐུ་ལ་གསོལ་བར་བགྱི༔

嘉_爾威 固拉 梭_爾哇_爾 吉

敬奉披於如來身,

སྐུ་ལ་བསིལ་བ་མི་མངའ་ཡང་༔

固拉 夕_爾哇 米^恩阿 揚

尊身雖無寒冷苦,

བཀྲག་མདངས་འཕེལ་བའི་རྟེན་འབྲེལ་བསྒྱི༔

札克當 佩爾威 滇哲爾 吉

為增光燦之因緣。

ཨོཾ་བཛྲ་ལསུ་ལྱུ༔ཧཱུྃ༔

唵 邊紮 威斯札 阿 吽

ཧཱུྃ༔ སྐུ་མདོག་བཻ་ཌཱུརྱ་ཡི་རི་བོ་འདྲ༔

吽 固多克 貝珠爾 呀 宜 瑞以喔 札

吽 身色宛如琉璃山王狀,

འགྲོ་བ་སེམས་ཅན་ནད་ཀྱི་སྡུག་བསྔལ་སེལ༔

卓哇 森木間 涅吉 讀克恩阿爾 瑟爾

滅除有情眾生諸病苦,

བྱང་ཆུབ་སེམས་དཔའ་བརྒྱད་ཀྱི་འཁོར་གྱིས་བསྐོར༔

強秋不 森木巴 界吉 擴爾吉 郭爾

八大菩薩眷屬眾圍繞,

རིན་ཆེན་སྨན་འཛིན་ཟླ་ལ་ཕྱག་འཚལ་བསྟོད༔

仁_因千　面進　^哈拉拉　洽_克擦_爾　對

頂禮讚嘆持藥之寶尊。

མཚན་ལེགས་རིན་ཆེ་གསེར་བཟང་མྱ་ངན་མེད༔

粲咧_克　仁_因達　瑟_爾桑　娘阿恩　美

善號、寶月、妙金、無憂尊、

ཆོས་བསྒྲགས་རྒྱ་མཚོ་ཆོས་བློ་ཤཱཀྱ་ཐུབ༔

卻札_克　嘉措　卻羅　夏迦　突_不

法稱勝海、法慧、釋迦佛，

དམ་པའི་ཆོས་དང་སེམས་དཔའ་བཅུ་དྲུག་སོགས༔

唐_木貝　卻倘　森_木巴　究出_克　梭_克

正法以及十六菩薩等，

དཀོན་མཆོག་རིན་ཆེན་གསུམ་ལ་ཕྱག་འཚལ་བསྟོད༔

棍秋_克　仁_因千　速_木拉　洽_克擦_爾　對

頂禮讚嘆希有三寶尊。

ཚངས་དང་བརྒྱ་བྱིན་རྒྱལ་ཆེན་ཕྱོགས་སྐྱོང་བཅུཿ

倉倘　嘉欽　嘉_爾千　秋_克炯　究

梵天帝釋天王護方神，（原文作十位護方神）

གནོད་སྦྱིན་སྡེ་དཔོན་བཅུ་གཉིས་གཡོག་དང་བཅསཿ

虐今　喋本　究尼　唷_克倘　界

十二藥叉大將與眷屬，

ལྷ་མི་སྨན་གྱི་རིག་འཛིན་དྲང་སྲོང་ཚོགསཿ

^哈拉米　面吉　瑞_克進　昌松　措_克

天人醫藥持明諸仙眾，

བདུད་རྩི་སྨན་གྱི་ལྷ་ལ་ཕྱག་འཚལ་བསྟོདཿ

讀吉　面吉　^哈拉拉　洽_克擦_爾　對

頂禮讚嘆甘露藥王尊。

བདག་མདུན་ཕྱགས་ཀའི་ཧཱུྃ་ལ་སྔགས་ཕྲེང་བསྐོར་བར་དམིགས་ལ།

觀想自身及對生心中之「吽」字皆以咒鬘環繞。

解釋

ཡོན་ཆེར་ཁ་དོག་སྣ་ཚོགས་འཕྲོས་པས་ཤར་ཕྱོགས་ཀྱི་ཤུ་སྡུང་བའི་ཞིང་ཁམས་ནས་སྨན་བླ་མཆོད་པས་ཕྱགས་རྒྱུན་བསྐུལ་ནས།

དེ་ལས་སྤྲུན་ཏྲ།

སྐུ་ཆེ་ཆུང་གསུང་སྤྲུལས་འཛིན་སྐུགས་སལ་མཆོ་ས་ར་ར་སྡུང་བབའི་རྩེ་དཀར་བ་ར་སྤྲ་བབས་ནས་རང་དང་མདུན་སྐྱེ་ལ་ཐིམ་པར་གྱུར།

透過彩色光的發射，向住於東方淨琉璃世界的藥師佛獻上供品。
彩色光啓動他的心流，於是藥師佛大大小小的身，化作經鬘的語，以及
以他手持的訶子與盛滿甘露的缽爲代表的他的意，全部如雨滴般落下，
融入我自身及對生觀想。

དད་སྔོ:   ཨོ་ཏ་རེ་རྭ་ཏ་རེ་ཁ་མ་ཧ་རྭ་ཏ་རེ་ར་ཛ་ས་མུ་ཏ་ཏེ་སྭ་ཧ:

喋雅他　唵　貝卡則　貝卡則　瑪哈　貝卡則　舄紮　薩穆嘎喋　梭哈

（藥師佛心咒）

ཞེས་ཅི་ནུས་བཟླས།

請盡力持誦

結行

 སྡིག་ཕུང་ཀུན་བཤགས་དགེ་བ་བྱང་ཆུབ་བསྔོ༔

迪_克東　棍夏_克　給哇　強秋_不　哦

懺諸罪墮回善向菩提，

ནད་གདོན་སྡུག་བསྔལ་བྲལ་བའི་བཀྲ་ཤིས་ཤོག༔

涅敦　讀_克^恩阿_爾　察_爾威　札希　修_克

遠離病魔苦惱願吉祥。

གཤེགས་གསོལ་ནི༔

祈請逝返

圓滿祈禱文

འཇིག་རྟེན་པ་རྣམས་རང་གནས་བཛྲ་མུ༔

吉_克滇 巴南_木 讓涅 邊棨 穆

諸世間尊各歸其淨土，

ཡེ་ཤེས་དམ་ཚིག་ལྷ་རྣམས་བདག་ལ་ཐིམ༔

耶謝 唐_木契_克 ^哈拉南_木 達_克拉 聽_木

智慧三昧尊悉融我身，

གདག་ཀུན་བཟང་ཀློང་དུ་ཨེ་མ་ཧོ༔

嘎他_克 棍桑 隆突 噯瑪 霍

希有難得本淨普賢界。

吉祥祈願回向文

願我迅速以此善，成就如來藥師佛；

一切眾生盡無餘，悉登彼等之勝位。

於眾平等慈悲薄伽梵，但聞名號即脫惡趣苦；

醫治三毒疾病藥師佛，吠琉璃光願賜善吉祥。

ཞེས་པ་དགོངས་གནང་གི་ཕྱིར་ཆུན་དུ་གནས་ཚོགས་ཆེན་ནས་བསྣམས་ཏེ་རྡོ་ག་ཨ་སྟེའི་བསྒྲིགས་པ་ལ་འགལ་བ་མཚན་ན་ཙྩ་ལ་བཤགས་ཞིང༔

དགེ་བས་མེམས་ཅན་ཐམས་ཅད་ནད་ལས་ཐར་ནས་མྱུར་དུ་སྨན་བླའི་གོ་འཕང་ཐོབ་པར་གྱུར་ཅིག༔ མདོ་ཚིག་ལ་ཁྲུས་གསོལ་ན་སྟོན་ན་ཡོང་གྱང༔

དེ་ལས་མཆོ་འི་རྣམ་འགྱུར་རྒྱལ་ལ་མདུག་ཏུ་ཡོང་བས་མི་འགགས་ལོ༔ དེ་ལ་ཚོ་ག་འདི་ལ་ཕྱུགས་ནད་མ་བྱས་ན་ཐར་ཡོན་ནི༔ བདུན་པ་ཡིན་ན་

ཚལ་ཁྲིམས་མི་ཉམས་ཞིང༔ གལ་ཏེ་ཉམས་པ་ཤིག་ཡིན་གྱང༔ དེའི་སྐྱབ་པ་བྱང་ནས་ནར་སོ་དུ་མི་ལྱུང་བདང༔ དཀྱིལ་བདད་ཡི་དགས་དང་

དུད་འགྲོ་སྐྱེ་བའི་ལས་ན་ཐམས་ཅད་དག་ནས་དེར་མི་སྐྱེ༔ གལ་ཏེ་སྐྱེས་གྱང་དེ་མ་ཐག་ཏུ་ཐར་ནས་བདེ་འགྲོ་མཚོ་རིས་ཀྱི་མཚོག་ཏུ་སྐྱེ་ཞིང་རིམ་

གྱིས་སངས་རྒྱས་ཐོབ་པ་དང༔ ཨོཾ་འདིར་ཡང་ནས་ཟབ་གོ་ས་ཚོགས་མེད་པར་འབྱོར་པ་དང་ལྡན་པ་དང༔ ནད་དང་གནོད་དང་ཕྱག་གདང་རྒྱལ་པོའི་

ཆད་པ་ལ་སོགས་པའི་གནོད་པ་ས་མི་ཚུགས་པ་དང༔ ཕྱུག་ན་རྗེ་དང་ཚོ་ནས་པ་དང་བཀྲ་ཤིན་དང་རྒྱལ་པོ་ཆེ་པོ་བཞིན་དང་

གནོད་སྐྱིན་གྱི་སྡེ་དཔོན་ཆེན་པོ་བཅུ་གཉིས་གཡོག་དང་འཁྲས་དང་བཅས་པས་སྲུང་ཞིང་སྐྱོབ་སྟེ༔ དུས་མ་ཡིན་པའི་འཆི་བ་འཚོ་བཅུད་དང༔

རྒྱས་པ་སྨན་བླའི་མདོ་གཉིས་ནས་ཐར་ཡོན་བསམ་གྱིས་མི་ཁྱབ་པར་གསུངས་ཞིང༔ ཚོས་ཐབ་ཆར་ལ་སྟོན་མདོགས་ཞིང་མགུ་དགང་བ་སྒས་

པའི་གྲགས་ཆེན་པོ་བྱུང་དང་རིང་དཔལ་འབྱོར་ཚོས་སྒེ་ལ་སོགས་མཚན་ཉིད་ཀྱི་གྲགས་ཐམས་ཅད་ནས་གཤིན་པོའི་སྐུ་རིམ་དང༔

གཞིན་པོའི་སྐྱིབ༔ སྲོང་ལ་སྨན་བླ་མ་གཏོགས་གཞན་ཚོ་ག་མི་དར་ཞིང༔

བོད་ཡུལ་རྗེ་ཇེ་གདན་ལུ་ས་ཇོ་འི་མདུན་དང༔ བསམ་ཡས་བྱང་རྒྱབ་ཆེན་པོའི་མདུན་དུ༔

བཏབ་རྒྱའི་ཚོ་ག་ཡང་སྨན་བླའི་ཚོ་ག་ཡིན༔

དེ་ལྱར་བཀའ་གསར་རྙིང་མདོ་སྒགས་གང་ལ་ཡང་སྨན་བླ་བས་ཐར་ཡོན་ཆེ་བ་མེད་པས་ཡིད་ཆེས་   པར་གྱིས༔

དེ་ལ་རྒྱས་བསྡུས་མང་ཡང་འདི་ཚོ་ག་ཚུང་ལ་དོན་འཕྲས་པ་དང༔ བླ་མའི་ལུགས་ཡིན་པས་གཙང་སྨ་མི་དགོས༔

འདི་ཡིན་སྟྱལ་ཡིན༔ པས་གདོར་མཆོད་མེད་རྱང་ཚོ་ག་ཀུན་གྱིས་རྣམས་སུ་ལོངས་ཤིག༔ ཤུ་ཏྲི་ཛ་ལཀུ༔།།

本儀軌乃岡卡阿瑟自天法中集結而成；如有謬誤，當向本尊懺悔。以此善業，願令眾生免於病苦，迅速成就藥師佛果。本軌隨時可齋戒沐浴而修；否則趨入無上瑜伽密續之修法，亦不相違。

如上於本儀軌做祈願禪觀，功德利益如下：僧眾免於毀犯戒律；偶一毀犯，還得清淨，不墮惡趣；三惡業道，亦得清淨，不生於彼；如或生彼，亦可迅速解脫，轉生善趣，漸成佛果。且此世衣食無缺，財物豐足；病魔、咒詛、王法等虐，悉皆消滅。並蒙金剛手梵天、帝釋、四大天王及十二藥叉大將，與其七十萬眷眾之護衛，而可免於十八種非時死，以及敵人、猛獸之傷害；於諸善願，必圓滿順遂……如是不可思議之功德利益，於兩本藥師佛經中，均有說明。

西藏金剛座拉薩之主尊（文成公主奉入藏地的釋迦牟尼佛像，今供於大昭寺大殿）前，及桑耶寺大菩薩像前，皆以此藥師佛儀軌爲常修儀軌。如是古今之經典密續，無有勝過本軌之殊勝利益，行者應深具信心。經續繁簡雖爲數甚多，然本軌言簡意賅，文雖不多，而意義深遠。此爲無上瑜伽密法，無須梵行；但依意現供養，不用食子；願適一切眾生之修法。善哉！願吉祥！

短軌

ཧྲཱིཿ སྐུ་མདོག་བཻ་ཌཱུརྻའི་རི་བོ་འདྲ།

吽 估多_克 貝珠_爾呀宜 瑞_以喔札

吽 身色如同琉璃山

།འགྲོ་བ་སེམས་ཅན་རྣམས་ཀྱི་སྡུག་བསྔལ་སེལ། །

卓哇 森_木間 南吉 突^恩阿_爾瑟_爾

消除有情眾苦痛

བྱང་ཆུབ་སེམས་དཔའ་བརྒྱད་ཀྱིས་འཁོར་གྱི་སྐོར།

強秋_不 森_木巴 傑吉 摳幾郭_爾

周圍環繞八菩薩

།རིན་ཆེན་སྨན་གྱི་བླ་ལ་ཕྱག་འཚལ་འདུད།

仁_因千 面進 哈拉喇 洽擦_爾羅

禮敬珍寶藥師佛

ཏདྱཐཱ༔ ཨོཾ་བྷེ་ཥ་ཛྱེ་བྷེ་ཥ་ཛྱེ་མ་ཧཱ་བྷེ་ཥ་ཛྱེ་རཱ་ཛ་ས་མུངྒ་ཏེ་སྭཱ་ཧཱ༔

喋雅他　唵　貝卡則　貝卡則　瑪哈　貝卡則　局紮　薩穆嘎喋　梭哈

སེམས་ཅན་ནད་པ་ཇི་སྙེད་པ།

森_木間　內巴　幾捏巴

所有病苦之有情

ཁྱུར་དུ་ནད་ལས་ཐར་གྱུར་ཅིག །

紐_爾都　內壘　大_爾究　吉_克

願能速離眾病苦

འགྲོ་བ་ནད་ནི་མ་ལུས་པ།

卓哇　內尼　瑪呂巴

眾生無量之病苦

ཐུག་ཏུ་འབྱུང་བ་མེད་པར་ཤོག །

達_克都　穹哇　梅巴_爾修_克

祈願永遠不出生

極短軌

ༀ། །བཅོམ་ལྡན་འདས་པདེ་བཞིན་གཤེགས་པ་དགྲ་བཅོམ་པ་ཡང་དག་པར་རྫོགས་

པའི་སངས་རྒྱས་སྨན་གྱི་བླ་བཻ་ཌཱུརྱ་འོད་ཀྱི་རྒྱལ་པོ་ལ་ཕྱག་འཚལ་ལོ། །

炯_木滇德　喋行謝_克巴　札炯_木巴　揚達_克巴_爾　作_克北桑傑　面吉拉
貝珠_爾呀　喔吉傑_爾波拉　嘉_克擦_爾羅
禮敬世尊如來應供清淨圓滿之藥師琉璃光王

第三部

開示《藥師佛經》

1 藥師佛的十二大願（上）

我們已經講過藥師佛法──如何修法、如何做禪觀，以及它的意義。如果你能夠規律地修習整套藥師佛法，將會獲得極大的利益，因為此法具有強大的加持力；即使你只能偶爾修法，也會因為和此法的接觸而獲益匪淺。在你沒有時間修藥師佛法的長儀軌時，另外有一個短儀軌可以使用。在你們誦本的最後一頁，可以找到簡軌❶。那是針對藥師佛的簡短祈請文，可藉以培養對藥師佛的忠誠與信仰。正如阿彌陀佛與藥師佛的經典中所教導的，憶念與持誦藥師佛名號會有數不盡的利益，這些利益大多數與藥師佛在初發菩提心❷時所立下的十二大願有關，而這十二大願又都脫不開藥師佛的名號。因此，與藥師佛相關的利益，多半可由憶念與持誦他的名號而獲得。

與藥師佛相關的經典總共有三部。一部介紹藥師佛的十二大願；另一部闡述另外七位藥師佛的誓願；第三部經很短，是記載各位藥師佛的咒語。我現在要講的，是以宣說藥師佛十二大願為主的那一部。在我開始講經之前，你們應該先了解一下「經」與「論」的差別。「經」是佛陀的教說，「論」是對於經的註釋。「論」的結構著重在意義的摘要闡明，因此它們直接切入重點；而「經」則總是以緒論為始，先說明佛陀是在怎樣的情況下宣說某項特殊法教。一部經會告訴你，佛陀說法當

時是住在哪裡、因何說法、誰向他請法、哪些人及多少人在場聆法、他確實說了些什麼，以及別人說了什麼使他做如此的開示等。佛陀住世時幾乎行遍印度，這部經的開示地點是在廣嚴城（Vaisali）①，那是當時印度的六個主要城市之一。圍繞著佛陀恭敬聆法的聽眾極爲眾多，其中包括無數比丘與比丘尼，許多菩薩、國王與他們的大臣，以及在各國王治下的百姓；此外，還有無數鬼靈與當地的神祇，皆聚集前來聆聽法教。

聽好，完整聆聽，並銘記於心

在這次的說法大會中，最重要的弟子是文殊菩薩，事實上，佛陀這次說法是應他的要求講解所促成，其後成爲後人所稱的《藥師佛經》。在經的開端，是文殊菩薩以特定的姿勢向佛陀提出請求。文殊菩薩所採行的姿勢，即是如今當我們正式受皈依戒或其他佛制戒，以及受菩薩戒的時候，所採用的姿勢。文殊菩薩屈左膝，而以右膝跪地❸，他的雙掌表示虔敬地合十置於胸前。文殊菩薩採用這樣的姿勢，因爲那是佛陀的弟子向佛陀說話時一致採用的姿勢；而我們如今在正式儀典中，也採此一姿勢的理由，就是因爲他們以前是如此做的。在皈依及受其他各種佛戒時，採用這樣的姿勢可以使我們想到佛陀。

文殊菩薩以那樣的姿勢面對佛陀，對佛陀說話，請求他教導大家關於發殊勝誓願以利益眾生的諸佛——他們發的是什麼誓願，以及憶念他們的名號有何利益。他請求佛陀爲利益未來

的眾生而加以解說。

佛陀對於文殊菩薩發言的第一個回應是，讚嘆他提出此一請求。佛陀對文殊菩薩說：「你提出的這個問題極好，而且很適當，因爲你發問的動機是慈悲，以及願望求得淨化一般污染的法門，特別是針對未來的眾生消除疾病的法門。」

佛陀一方面讚嘆文殊菩薩有此一問，同時要文殊與聆法的聽眾一起聽他詳細說明。論者解釋此一訓諭具有三項特別的意義。佛陀說：「文殊師利，你因此要聽好，完整聆聽，並要記在心中。」這三項要點：聽好，完整聆聽，並銘記於心，其中的每一項，都是針對應該如何聽法有其特殊的意義。第一項訓諭「聽好」的意思是，以適當的動機來聽。如果你出於良善動機前來聽法，則你聽到的法將以純淨的形式存在你的心中；否則，若你聽法的動機不純淨，含有貪著或厭惡等，則你的心將如同盛毒的容器或杯子，會將任何倒入的東西變成毒物。

佛陀的第二項訓諭「完整聆聽」的意思是，專注地聽。你可能出於良善的動機而前來聽法，但是，如果你沒有將心貫注在所聽到的法上，則聽法是無用的。這時，你的心如同倒放的杯子，什麼東西也裝不進去。

佛陀的第三項訓諭是：「銘記在心」。即使你以良善的動機聽法，並且聽得很專心，不過，若你隨即忘記所聽到的法教，則你的心就失掉了它。這樣一來，你的心就像是一個破杯子，不論倒進去多少東西，終究全部又漏出去。

之後，佛陀告訴文殊師利，在東方無數佛土之外（意思

是，如果越過釋迦牟尼佛的佛土，再繼續往東行，仍要經過許
多佛土），你將到達一個名為東方淨琉璃世界的佛土。有上師
貝卡則佛（Buddha Bhaishajyai Guru），即藥師佛，又稱為琉璃
光佛，住在那裡教授佛法。佛陀告訴文殊師利，由於藥師佛在
仍是菩薩尚未開悟時，曾發下十二大願，因此，憶念他的名號
將獲得極大利益，向他祈請亦可得到強大的加持。事實上，一
個人由於對藥師佛的虔誠信仰而獲得日益增長的利益，主要是
根據當他還是菩薩時所發的誓願❹。

向藥師佛祈請，會使今生富足

　　藥師佛所發十二大願中的第一大願是：「願我來世達到完
全證悟而成佛時，我身體所放的明亮光芒，得以照耀無量無邊
世界，使所有照及的眾生都獲得與我一般的佛身，具三十二大
丈夫相、八十種隨形好。」此願的要點是，願在證悟成佛時得
佛的光明身，並使見到他的眾生皆得解脫而成佛。這並非表示
一旦你看見藥師佛，將立刻變成像他一樣的佛；這裡的意思
是，看見藥師佛，甚至只是藥師佛的一幅畫像，或只是聽說關
於藥師佛的三十二相及八十種隨形好等，都會在你的心中灌輸
一種習性。灌輸的習性之強弱，取決於你對於所見或所遇事物
採取的態度。如果你對藥師佛具有極大的信心與虔敬，則被灌
輸的習性會非常強大；如果你具有某種程度的虔敬，則某種程
度的習性會灌輸到你心中；如果你的虔敬只是很有限的，被灌

輸的習性也會很薄弱。然而，不論多少，這些習性終究會帶領你成就與藥師佛相同的身，並圓滿達成他所發的願❺。如果你對藥師佛具有極大的信心，這情況的發生會快很多；而如果你全無信心，則會發生得很慢。不過，遲早還是必然會發生的。由於藥師佛的這個第一大願，所以，你看到任何關於他的描繪對你都是有益的，不論你經常看見或只是偶然見到，都會對你有極大的利益。

　　藥師佛在還是菩薩時許下的第二大願，仍與他的外表有關，那是：「願我未來達到完全證悟而成佛時，我的身體明亮燦爛如琉璃寶石，願它無瑕、光明、廣大、愉悅、榮耀，而極盡莊嚴，願所有看到它的人皆蒙利益。」此大願顯而易見的結果是，藥師佛在他的淨土所示現的形象，確實具備明亮、燦爛及莊嚴等特質。此大願額外的結果是，藥師佛甚至也間接地在像我們這樣的俗世間示現他的身，使得不知什麼該接受或拒絕和無法判別什麼該不該做的無明眾生，因看到他的像或聽聞他的名，而得到啓發。雖然他們或許並非眞正有興趣要聽，有關需要做或不做什麼的問題，然而，透過曾經看到或聽過這些事物，對正確行爲的信心將逐漸在他們的心中成長。

　　藥師佛在仍是菩薩時，許下的第三大願是：「願在他證悟成佛時，以無量智慧與方便，帶給一切眾生豐足繁榮。」此一大願特別關注在解脫普遍存在於人界的一種痛苦，它展現的極端形式就是貧窮。不過，我們人類即使在並非眞正貧窮時，仍會覺得自己窮。我們不僅受貧窮的苦，也因無休止的野心而痛

苦；此外，也爲了不斷奮鬥以保全自己，以及日益增多的財產而受苦。第一及第二大願與帶領眾生達到證悟有關，第三大願則與短期利益眾生，特別是人界眾生的關係較大。這一點很重要，因爲我們總以爲，諸佛的關懷與誓願只有在長時間以後對我們有益——他們只關心我們將來得到解脫，而對我們此生並沒有立即的好處。此一大願顯示這種想法是不對的，它是爲眾生立即可得到幫助而設計的。這意謂著，如果你向藥師佛祈請，會影響到今生的富足，縱使不會像吞一粒藥丸那樣立刻生效，但終究會產生效果。

帶領眾生皆得解脫

　　藥師佛的第四大願是：「願他能解救走入邪道的人，並使之步上終得解脫的菩提正道。」所有人都想得到幸福，我們選擇各種自認爲可以使我們幸福的方式過活，那是每個人的生活之道。我們之中有些人的確選了使自己幸福的路，然而，卻有不少人想要使自己幸福，卻不幸地選擇了帶給自己愈來愈多痛苦的路。本大願的重點即在於，願將眾生帶離那些具有破壞性的道路或生活方式，而將之導入成佛之道。透過展示諸佛的身、透過佛經的形式介紹他們的語，以及示範諸佛的佛行事業等等做法，以期達成此項目的。這些事情已然在我們的生活中發生，我們已經接觸過某種形式的佛像，也聽過佛經或佛陀的法教，也曾受到與佛陀有關之聖諦的鼓舞。總之，不論以何種

方式，佛行事業已然使我們的行爲發生變化。

　　第四大願的第二部分是：「願走在只求自身解脱道上的眾生，改行帶領眾生皆得解脱的大乘之道。」這部分在像《解脱莊嚴寶論》（*The Jewel Ornament of Liberation*）②之類的典籍中，闡述得很清楚。典籍中說的是，當一個人修成阿羅漢果（arhat or arhati，包括男性與女性）③時──不論聲聞或獨覺，他們自己已完全解脱輪迴，不過，或許在經過一段時間之後，終究會有一位佛來向阿羅漢現身，啓發他步上證悟圓滿佛果的大乘之道。藥師佛第四大願的第二部分，正是誓願做這件事──對走在追求自身解脱道上的眾生示現他的身，以這種方式激勵這些眾生，增加他們的愛心、慈悲與菩提心，使他們改走幫助一切眾生皆得解脱的大乘道。

使眾生的行爲合乎道德

　　藥師佛的第五大願是：「願成佛之後，可啓發一切眾生的美德善行。」根據經上的文字，他建議遵守出家眾的道德戒律；引伸的意義是，指遵守一般的道德規範，亦即讓自己在行動、言語和思想上，都能利益而不傷害他人。此處的概念是，由於佛的啓示，可使我們的行爲合乎道德；看見佛像或聽聞佛法，已將我們帶進正法之門，並對我們身、語、意的行爲有所改變。在開始修習佛法時，如果你非常用功，那當然極好；若非如此，也沒有關係，你的行爲還是多少會有所進步的。藥師

佛在此的主要誓願是，願透過他的加持，使行者得以保持德行不受損害；而次要的誓願是，既然一般眾生時常偏離道德行為而變得迷惑，藥師佛能夠防止偏離道德的眾生繼續停留在失當的行為狀態，使之改邪歸正，以免投生至三惡道。

第五大願有一部分是針對步入歧途的眾生，他們偏離了道德的行為，因為藥師佛的加持，他們以前行為端正時的好習性，會在他們的心中又變得重要起來，因此，可使得他們恢復道德的行為。

貧病、殘缺、歧視之苦得以消除

第六大願是針對具有先天的身體殘障者所發的願。藥師佛「願以他的加持力治癒所有先天身體上有缺陷的眾生，諸如視聽障礙、肢體殘缺或患毒性疾病者」。以一般的觀點來看，你可能認為，身體上先天性的問題是不可能消除的，然而，這種人很有可能透過向藥師佛的強烈祈求，而獲得助益。對於情況未能立即有所改善的案例，他們的祈請、持藥師佛名號，以及按藥師佛法儀軌修持，仍然會產生強大而持久的利益。

藥師佛的第七大願是：「願那些無助、無友、也無資源，卻生了重病的人，只要聽到他的名號，他們的貧病之苦即可消除；只要聽到或想到他的名號，或看到他的像，在那悲慘境遇中的眾生，便得以從疾病的痛苦和加重疾病的貧窮中解脫；此外，那些眾生一旦聽過藥師佛的名號，將在成佛之前的所有世

都不再生病。」這聽起來似乎是太大、太深甚至極端的一個誓願，但那絕非不可能，而是可以實現的，尤其是針對那些對藥師佛有強烈虔敬心的人，他們持他的名號、向他祈請等等。此願是對持藥師佛名號之特殊利益的一個例證。

我們時常會面臨小動物的死亡，像一隻昆蟲、一隻鳥或其他生物正奄奄一息，即將嚥下最後一口氣，因為我們具有佛性，這些生物也具有佛性，我們必然會由衷地對牠們感到同情與慈悲。不過，這份慈悲有時似乎毫無作用，因為我們全然不知能為牠們做什麼。由於諸佛與菩薩的加持力，我們確實可以做一些事。譬如，可做的事之一是，唸誦藥師佛的名號給垂死的動物聽，這可能無法立刻將牠的病治好，垂死的鳥大概不會突然甦醒而展翅飛去，而是在長時期，可以對牠有更好的效用——為牠未來的解脫立下基礎。

藥師佛的第八大願是特別針對解除人類之間的各種歧視狀況，其中提到像佛陀住世時存在於印度的階級制度。在人類的社會中，時常有某個階級或團體的人被其他人認為很低下，甚至不將他們視為人，像在印度被稱為「賤民」（untouchables）④階級的情況即是如此。此願的意義是：「在這般境遇中的人，若看見藥師佛的像或聽到他的名號，會對他們的人性生出足夠的信心，對於自己與他們的歧視者是同等的人這項事實，會有足夠的認知與信心，而他們終將逃脫受歧視的境況。」曾經發生過許多類似出生在像印度賤民階級的人，能夠以各種方式得以免除階級的限制，我們可視之為諸佛加持力的例證。

原　註

❶ 簡軌：可參見最後一期《Shenpen Ösel》第70頁，網址：http://www.shenpen-osel.org。

❷ 菩提心：發菩提心是基於利他的心，願望一切眾生脫離所有痛苦而得安樂，並且最終達到圓滿解脫。菩提心相較於一般善心人士所希望利益他人的慈悲願望，差別在於，認識到如果自己沒有達到佛的精神淨化與解脫狀態，則無法實現這些願望，那種解脫狀態是所有正面素質的來源，包括可以看見每個人個別的苦因，以及如何解脫的全知能力。這項了解促使他們為了使一切眾生得以離苦得樂，而立下成佛的誓願。這叫做願菩提心，接下去必須有所謂的行菩提心，那是仁慈、慈悲、六度等等的訓練，以引導行者到達佛境。願菩提心與行菩提心都包括在相對菩提心（relative bodhicitta）一詞中。絕對菩提心（absolute bodhicitta）是直見絕對本性。這種本初覺知的狀態是慈悲與仁慈，以及自然無預想地產生慈悲的行為。（譯註：六度，又稱為六波羅密，指菩薩要修成佛道的六項法門，包括：布施、持戒、忍辱、精進、禪定和智慧。）

❸ 以右膝跪地：祈請者一般也是跪坐在右腳跟上。

❹ 根據當他還是菩薩時所發的誓願：有時我們說，諸佛並不是在一般的二元意義上去利益或解脫眾生，如：「我」要幫助或解救「另一個人」。這當然不是說佛不關懷眾生，而是說，完全淨化的心的明光本性，是自發地為眾生的利益做事，沒有先入之見，沒有任何勉強，也非習慣使然。不過，這樣的行為卻是受到他們成佛以前之誓願的制約，特別是當未來的佛在他們步上大乘菩薩道時所立下的誓願。因此，藥師佛在他是菩薩時所立的十二大願非常受到重視。此外，佛行事業也受到眾生之功德與祈願的制約。

❺ 帶領你成就與藥師佛同樣的身與願：你當然不要讓自己因為看到深藍色、男性、僧侶模樣的藥師佛，而不肯對他生出強烈的信心；有人對僧侶的生活方式缺乏好感，而寧願最後看起來像金剛瑜伽母、白度母或蓮華生大士。佛的究竟狀態包括心的無限自由，意思是，佛可以隨意示現任何形象。

譯　註

① 廣嚴城（Vaisali）：又音譯為毘舍離或吠舍離，是佛陀生前重要的傳教地點之一，也是佛滅後的第二次經典結集地點。在現今印度的比哈爾省境內。

② 《解脫莊嚴寶論》（The Jewel Ornament of Liberation）：由噶舉派大師岡波巴所

著，是岡波巴最重要的傳承，主要內容在闡明成佛之道。

③ 阿羅漢果（arhat or arhati）：指小乘佛教中，修行的最高境界。聲聞指聽聞佛陀法教而證悟的出家弟子；獨覺指獨自修行而證悟的人。這兩者都是形容小乘佛教的修行者。

④ 賤民（untouchables）：依照印度的種姓制度，將人們分為僧侶（婆羅門）、王侯武士（剎帝利）、庶民（吠舍）和賤民（首陀羅）等四個階級，不同的種姓之間嚴禁通婚、共食，還必須遵守各種戒律和風俗。

2 藥師佛的十二大願（下）

　　我們已經講過藥師佛十二大願中的前八願，所有這些宏大的誓願，都是藥師佛在發菩提心，開始步上成佛之道時所立下的。《藥師佛經》解釋這十二大願，使我們了解如何得到藥師佛身、語、意的加持，以及那對我們有什麼意義。釋迦牟尼佛教授此經的目的是，激勵我們精進修行。在此所傳達的概念是，觀想藥師佛，向藥師佛祈請，持藥師佛名號，將帶給我們不尋常的利益。對此有所了解後，將激起你修習藥師佛法的熱誠，這份熱誠會驅使你修藥師佛法，並且因而使你一定能獲得修法的成果。所以，我們現在從上次停頓的地方接著講下去，開始講第九大願。

佛法的目的是要解除人們的恐懼與危險

　　藥師佛的第九大願是：「願使一切眾生解脫魔羅的羅網或套索。」魔羅的套索指的是我們解脫的障礙。在這裡的意思是，指任何足以使你步入歧途的不正確見解，任何帶你偏離解脫而非趨向解脫的見解。任何一種見解，也就是說，任何刻意培養或發展出來對事物的了解，都是透過個人用自己的聰明才智，對現象加以研究與分析所產生的。分析可以是正確的，因

而產生正確的見解；分析也可能是錯誤的，於是產生錯誤的見解。我們各憑才智做這類的分析，而得到或對或錯的結論。如果你對事物的見解基本上是正確的，那將是使你解脫的強大的因；然而使你得到解脫，也將成為間接的因，促使他人也得到解脫。簡而言之，對於事物的正見可以帶給你各種幸福；反之，如果你誤用自己的才智，而產生不正確的見解，那將阻礙你的解脫之路，因此，也使你無法幫助他人得到解脫，則此類見解反而變成幸福的障礙。

才智的誤導或誤用共有兩種。一種是對事物非常錯誤的理解，那確實會帶你走上錯誤的路，另一種是你的分析使你對真實的事產生懷疑，那會讓你無法接受真相。不論是哪一種情形，藥師佛的此一大願，就是要使你從錯誤的觀念與理解中解脫，而將你安頓在證悟的正道上。

第九大願的另外一部分與眾生的行為有關。如果你的見解是正確的，那會使你有適當的行為，亦即菩薩的行為；如果你的見解是錯誤的，你的行為也會跟著發生錯誤。這裡所謂的正確行為，是指不會害人或害己，而是利人且利己的行為。這種行為是由於對事物有正確的了解、有正見，而自然衍生出來的。藥師佛發願以他在成佛時的加持力與教導，使眾生獲得正確的理解，以產生正確的行為，而終究可以達到證悟。

藥師佛的第十大願是：「願眾生得以解脫統治者對他們的迫害。」就像字面上所陳述的，意思是透過藥師佛的加持，可以保護眾生免於暴虐的君王加諸於人民的牢獄、死刑，以及所

有其他的苦難與殘酷。其延伸的意義，概指一切類似的情境，譬如外在世界的某種因素妨害了我們的幸福，像疾病和不論何人加諸於我們的虐待或迫害，以及時刻威脅著我們的各種危險與災難。因為我們在世間存在的本質是無常，我們不停地面臨各種危險，並時時活在怕有各種不幸發生在我們身上的恐懼當中。此一大願的要點是，透過藥師佛的加持，可以保護我們免於這些危險，以及免於對發生這些危險的恐懼。

　　有一幅經常被展示的、關於輪迴的圖像，叫做「六道輪迴圖」（Wheel of Existence），圖的中央畫著三毒❶，它的周圍畫的是六道❷。在六道之外的一圈，共分為十二格，代表輪迴的一個循環之十二因緣。整個圓形的圖，由一個相貌兇惡的人物用口啣著，捧在膝上。這位兇惡的人物代表危險與恐懼，那是處於輪迴當中的特徵。正如圖中所示，人有時快樂，有時悽慘。無論如何，輪迴的基本性質是變化。因為變化，所以不確定；因為不確定，所以危險；而因為危險，所以產生恐懼。所有這些不確定、危險與恐懼，都以這個兇惡的人物來呈現。在佛陀住世期間，常有許多人請問他的大弟子以及聲聞們，佛陀的法教究竟講的是什麼，他們被問到各式各樣的問題。當他們去見佛陀的時候，告訴佛陀，他們並沒有能力回答所有被問到的問題。因此佛陀想到，在每一座佛教寺院的大門上，畫這個六道輪迴圖，將佛法以一幅圖像表示出來。

　　佛法的目的，當然是要解除人們的恐懼與危險。佛陀說法，包括講藥師佛經，目的即在於此。我們每個人都有恐懼與

焦慮，它們乃因輪迴基本上充滿無常，所以也充滿痛苦的事實
所產生的。你若問，有沒有辦法可以克服這些恐懼與焦慮？答
案是：「有一個辦法。如果你修法，經由修法與佛（如藥師佛）
的加持、慈悲與誓願結緣，這樣恐懼與焦慮即可被克服。」這
意思是說，如果你非常精進地修行，你可以將所有恐懼斬草除
根。不過，即使你沒有非常用功，即使你只是偶爾修習，或甚
至你只與佛法有過少許接觸，仍然是有益處的，那會對你有某
種程度的幫助。而最終，你將到達解脫一切恐懼的狀態。所
以，這第十大願雖然說的是解除暴君加諸於眾生的暴虐，其實
是要說明無常所強加於我們的恐懼與危險，是可以克服的。

　　第十一與第十二大願有共同之處，它們都與解除眾生的貧
窮之苦有關。第十一大願特別為解除眾生因缺乏生活所需而受
的苦，諸如飢渴之苦，以及需不斷為維生而掙扎之苦。藥師佛
此一大願是：「*要解除眾生食物及飲料的短缺，並使不必為求
溫飽而備嘗艱辛，由此引伸，也要使一切眾生得享佛陀所稱的
法的美滋味。*」這表示，藥師佛不僅為眾生帶來身體上的解
脫，給予身體滋養，同時也賜予法教的精神滋養。

　　法的美滋味表示聽聞佛法，親嘗佛法，並加以修行，進而
得到真正的快樂。所以，當一個人修持佛法達到真正而穩定的
快樂狀態時，那表示不再有身體的痛苦，也不再有精神的煩
憂。每個人各以不同的程度與方式獲得法益，並感受到法喜。
有時，一個人只因聽聞佛法，即可受益；有時，經過思考佛法
的意義而受益；也有時經禪修而受益。並且，有些情況受益的

程度，只限於稍稍接觸到而已。不過，無論如何，這些都是佛法透過藥師佛的大願而利益眾生，並為他們解除痛苦的方式。

藥師佛的第十二大願是集中在真正的貧窮，特別是缺少使我們生活舒適的事物上。首先，藥師佛發願提供衣服，給那些因衣著不足而受寒、熱等苦的眾生。此外，他還發願提供裝飾品，像珠寶之類的飾物，給沒有這些東西的人。與此性質相似的，他也發願提供樂器給沒有樂器的人，使他們的生活中增添美妙的樂音。此願著重在滿足眾生的願望，給他們想要的東西，使他們得到短時間的快樂。從某個觀點來看，你可能以為只要向藥師佛祈求，就會從天上掉下名牌服飾，或任何你正想要的樂器。所以，你可能真的抱著那些期望向藥師佛祈禱，你也可能因為期望落空而非常失望，這不表示藥師佛的大願沒有意義或無效。

此願及所有誓願生效的方式，是眾生透過藥師佛的願力而得以與佛法結緣。眾生因接觸到畫像、塑像，以及有關藥師佛與其他諸佛的佛行事業之說明，而使他們摒棄加重他們障礙的錯誤行為與想法，致使障礙逐漸減輕或完全消除，進而透過佛法與諸佛的啓發而行善，得以積聚福德與智慧，他們的情況因此而逐漸改善。可能在當世或來生，他們會開始得到當時缺少而想要得到的東西。所以，並不是因為沒有衣服從天上立刻掉下來給你，就表示這第十二大願無效，它確實有效，不過，是以間接而漸進的方式生效的。

持藥師佛名號的兩種利益：減輕貪婪與提升道德

　　於是，釋迦牟尼佛在《藥師佛經》中宣布了藥師佛初發菩提心時所立的十二大願。之後，佛陀繼續對文殊師利說話，因為是他向佛陀提問的，佛陀指出由於藥師佛發願的結果，他自身及他的佛土之功德莊嚴是無限量的。釋迦牟尼佛也提到，藥師佛在他的佛土有日光普照菩薩與月光普照菩薩兩位主要協侍。佛陀繼續對文殊師利說：具有信心且精進而有慧見的男女，應祈請藥師佛，禪修藥師佛，並持藥師佛名號。

　　接著，佛陀講到祈請藥師佛的其他利益。佛說有些人非常貪財，什麼都捨不得給出去，他指出這些人之所以如此，是因為基本上他們不了解布施的利益。這種缺乏了解，使他們執著於緊抓住自己的財產不放，而從來沒想到要布施。如果因情況所逼不得不給出什麼，那會使他們極端痛苦，即使是給自己的家人也難免如此。問題在於，如果你如此貪財，將來很可能會有不幸的來生。佛說，像這樣貪婪的人，如果能夠聽到藥師佛的名號，並且與他結上某種緣──基本上是表示得知藥師佛的德性，將會使他得到啓發而了解布施的價值。當他們明白布施的價值之後，他們會變得很慷慨，而因此就不會投生惡道；並且，在他們所有的來生當中，這種布施的動力都會存在，不但使他們一直樂善好施，並且還會鼓勵別人也做慷慨的人。

　　這是經中所解釋的持藥師佛名號的第一種利益。至於第二種利益，佛又對文殊菩薩說，同樣地，有些人一向行為不端，

他們不把道德當一回事，認爲道德是沒有意義的。他們之所以如此，是因爲不了解道德的價值，他們不了解依道德行事的利益，也不了解不道德的行爲會導致怎樣的後果。同時，他們對於佛法或任何靈性方面的追求也毫無興趣，也因爲不了解其價值，既然不知其有何價值，自然也不會產生興趣。不過，即使心態如此極端的人，如果聽到藥師佛的名號，也會使他們由開始尊重，逐漸對道德與佛法的修持發生興趣。因此，他們會端正行爲，並且研習及修持佛法，這使他們不但今生幸福，並且有愈來愈美好幸福的許多來生。對端正他們的行爲、研習及修持佛法的動力，將會持續，並與時俱增。

我們在自己的經驗中，可以看到這樣的發展。我們中間許多人起初對佛法也是一無所知，因此對之缺乏尊敬與信心，因爲我們根本不知道它是什麼；而且，我們對於所聽到的道德觀念，也可能有許多不解與懷疑，因此，對於道德也沒有太多的尊敬。然而，在某個時間，某樣東西啓發了我們，我們看到某樣東西，譬如一幅佛像；或我們聽到什麼，譬如對佛法的解釋或一位佛的名號。有某種東西吸引了我們的注意，使我們興起學佛的念頭，於是，我們將生活方式做了某種程度的改變來修習佛法。不論你是學佛的新手或是已全然投入其中，總之是有事情發生了。這時所發生的事，就是我們所說的聽聞藥師佛名號的利益。正如經中所說的，像我們自己一樣的一個人，當他接觸到佛的活動或加持時，如佛像、佛的名號或佛法的開示，他會受到啓發，最後會發展出信心及對他人的慈悲，而從那裡

又會培養出更多的美德。

　　誠然，我們對佛法的信仰與虔敬不會是沒有波動的。有時，我們明顯地感到強烈的信仰與虔敬，也有時有疑惑產生，而似乎使我們的信仰與虔敬受阻。在任何情況下，你需要做的是同樣的事：根據你對諸佛與他們的法教的基本信心，以你所有的信仰與虔敬祈請或祈禱。如果你像這樣祈請的話，有信仰時，信仰會更加堅定；有懷疑時，信仰會加強而懷疑會減輕。因此，不論你是否對佛法感到疑惑，你都必須這樣做。佛陀在經中的此處指出，以所有的信仰與虔敬向諸佛祈請，永遠是非常重要的。

　　釋迦牟尼佛共舉出聽聞或持藥師佛名號的四種利益，我們剛剛討論過前兩種：減輕貪婪與提升道德。今天早上我想就講到這裡告一段落，因爲昨天有許多人有問題❸而沒有機會發問。如果你們還想問的話，請提出來。

問・答・錄

●問：可否請您解釋修藥師佛短軌與極短軌時，如何做觀想？

●仁波切：你可以採用兩種方式。一種是想像藥師佛在你面前，你向他祈請、致敬，觀想他的身形、他的顏色、他所持之物及所穿的服飾等等。另一種同樣有效的方式是，想像你在向他致敬，不論他在哪裡，這時你不用對他做任何特別的觀想。

●問：仁波切，有一個問題一直在我做觀想時發生。我觀想本
　　尊——金剛持或藥師佛——在我前面，我可以很清楚看到他
　　的一邊，細節及顏色等，但另一邊卻幾乎在黑暗中，形象很
　　模糊，在陰影裡，顏色也很不清楚。而當我疲倦的時候，我
　　幾乎看不到那一邊的任何東西。

●仁波切：總是同一邊嗎？

●問：差不多都是同一邊。清楚的是在我的左邊，也就是在本
　　尊的右邊，另外一邊不清楚。此外，如果我坐著，面向正前
　　方，觀想本尊在我正對面；如果我半閉著眼睛，總覺得本尊
　　偏了一個角度。我一直調正自己的身體，不過已經很正了，
　　卻仍感覺像是斜坐著看過去。

●仁波切：那是自然發生在你身上的，不是你所引起的，所以
　　你不要理會它，只管繼續修法，它自己會修正。

●問：仁波切，我有三個問題。在身、語、意的加持降臨時，
　　它們是分別進入特定的三個中心，還是一般性地進入身體？
　　第二，請更仔細地告訴我們，關於小藥師佛在自己或別人身
　　體的某個部位的修法順序。那可以在正式修法之外來做嗎？
　　最後，藥師佛與黃財神（Jambhala）①有關係嗎？如果有，
　　是什麼關係？如果有所不同，差別在哪裡？多親近其中的某
　　一位會有利益嗎？

●仁波切：關於你的第一個問題，在修儀軌與持誦咒語時，當
　　本尊的身、語、意的加持融入你時，你可以想是普遍地進入

整個身體，不是特別融入你的頭或某處。在灌頂的情況下，身語意是融入身體的特定部位。關於第二個問題，你可以觀想一尊小藥師佛在你自己或別人身體的某個部位，在你正式修儀軌中間唸誦咒語的時候，或在之後禪坐時的任何時刻。至於第三個問題，藥師佛與黃財神有關係。基本上的關係是，因為十二藥叉大將是《藥師佛經》與他的法教之護法，而黃財神與十二藥叉大將屬於同一階次或集團，因此，黃財神也是藥師佛法教的護法。當我在台灣的興隆寺廣泛地修藥師佛儀軌時，對此曾有所發現。寺院的僧眾與其他的參與者也在勤奮地修藥師佛法。他們如此做的原因之一，據他們說，是因為每當他們共修藥師佛法時，寺院的事務就非常順利。他們認為，那是因為當他們向藥師佛祈請及修藥師佛法時，黃財神都會自動前來的緣故。因此，我要說，如果你必須向其中之一祈請的話，應該選擇藥師佛，因為情況似乎是，你只需向藥師佛祈請，就會自動地得到黃財神的幫助。

● 問：仁波切，這套修法看來如此奇妙而完整，我實在想不通，為什麼一直到最近才聽說它。我明白自己修習佛法為時不久，不過，我在想，不知有什麼地方在修藥師佛法。多是在寺院中修嗎？為什麼這麼久它才出現？

● 仁波切：關於修藥師佛的地點，在西藏寺院傳統中，有很大的不同。有些寺院修得很多，有些寺院很少修，也有的寺院在兩者之間，並沒有嚴格的規則。至於，你為什麼直到現在

才聽說它，不要忘記，金剛乘在西方世界仍然是很新的東西。基本上，我們可以說，金剛乘出現在美國只是近三十年的事。我們必須留意佛陀是如何講法的。當年佛陀教授佛法時，是由我們所稱的共乘開始的。之後在大家由修習做好準備時，他才逐漸地將內容加深。同樣地，老師們也必須在這個國家漸次地介紹並教授佛法，因爲當你們的修持有進展時，你的信心、信仰及了解也隨之增加。例如，多數老師開始在西方教授佛法，都以教修止做爲起點，修止不涉及很深的信仰，因爲你是直接處理你自心立即可感受到的東西，它的效用從一開始就很明顯。如果他們一開始告訴你，藥師佛法是我們傳統的基本修法，你要觀想藥師佛，並且相信我，他是存在的，他有驚人的加持力，如果你向他祈禱，他的加持會進入你的身體，恐怕你根本不會相信。

●問：藥師佛法與西藏的醫業有關嗎？

●仁波切：有，它們是相關聯的。藏藥在製作時，是以修藥師佛法來加強療效的。此外，藏藥的傳承源自一位名爲日佩耶喜（Rigpe Yeshe，意思是「知覺智慧」）的聖者，他是藥師佛的分身。如果我們看西藏醫藥史，會發現最有名的西藏醫師，包括偉大的成就者元丹貢布（Yönten Gonpo）②等人，都是在看到藥師佛或得到他的加持之後，而能夠發現新的診斷方法、新藥方或撰寫醫書的。

●問：仁波切，多謝您的口傳與開示。到目前爲止，上師教我

的共有三種基本的方法，可幫助眾生出輪迴苦海，到達證悟的彼岸：像一位國王，他可以帶領大家得到解脫；像一位渡船伕，他可以讓大家登上他的船，渡大家和他一起到彼岸；或者像一位牧羊人，他要確定每個人都安全抵達之後，自己才過去。對於一方面要做牧羊人，一方面又要先治療啟迪自己，再讓別人走在自己前面，我感到很困惑。請您就這點加以說明好嗎？

仁波切：正如你提到的，根據經乘的傳統，發菩提心共有三種方式。這三種不同的發菩提心，是與你的自私程度相對應的，不過，都是在可接受的範圍。如果一個人很不自私，而是完全地、絕對地利他時，則在他發菩提心時的態度，會是：「我不要成佛，我拒絕成佛，除非其他所有眾生都已成佛。」這是如你在問題中提到的，所謂牧羊人式的菩提心。從經乘的觀點來看，那是最殊勝的發菩提心方式，因為它完全無私，所以是最殊勝的。次佳的想法是：「好，我要成佛，他們也都要成佛，我希望大家都一起成佛。我要使自己與所有眾生都同時證悟佛果。」這種方式叫做渡船伕式的菩提心，它比第一種自私一些，不過，仍然是相當不自私的。第三種方式的確有點自私，他的想法是：「我實在很想成佛，我實在很想達到完全的證悟。不過，在我成佛之後，我不會放棄眾生，我也要使眾生皆得解脫。不過，首先我一定要成佛。」那是國王式的菩提心，它的確含有自私的成份，但也包含解脫眾生的誓願，所以仍然算是真實的菩提心。

　　金剛乘的發菩提心方式，聽起來很像是國王式的，不過，它並非刻意要採取國王式的。金剛乘的態度只是很講求實際，如果你沒有成佛，你就沒有解脫眾生的能力。這種態度不是自私，而是實際，它有可能變得自私。你可以將它變成國王式的菩提心，或以它做爲國王式菩提心的藉口，但它並非眞正是以那樣的心意而發的。金剛乘發菩提心的基本論據是：「我要使一切眾生都得解脫，顯然我目前辦不到。如果我得證菩薩果位變成菩薩，我可以做一些事，但是，我還是不能像佛一樣，使他們完全解脫。因此，雖然我要解脫的是眾生，而不是我自己，爲了有效地達到目的，我要先使自己成佛。」

●問：有任何一種藥師佛的修法是要把手放上去嗎？

●仁波切：在做觀想小藥師佛在病人身體患部的修法時，可以加上把手放在那裡。

●問：仁波切，我有一個關於選擇修法的問題。在施受法（tonglen）③與藥師佛二者之間，如果兩種都曾接受口傳，我們如何決定什麼時候用哪一種？

●仁波切：你是說爲自己的修行，還是爲利益別人？

●問：使用施受法去幫助他人，那對我們自己也有幫助。此外，佩瑪‧丘卓（Pema Chödrön）④曾講過一種用施受法幫助自己的方法。

● **仁波切**：兩種在各方面都是同樣有利益的。你應該著重哪一種修法，端視你對哪一種法有最大的信心、最大的信仰，以及最大的自然傾向。因此，如果你對施受法較有信心，它就會較有效；如果你對藥師佛法較有信心，則藥師佛法會較有效。從歷史上看，我們發現在不同的傳承裡，有些上師著重以修施受法為主；其他上師則著重以藥師佛法或類似的修法為主。

原 註 ··

❶ 三毒：是三種基本的精神痛苦──貪、瞋、癡，分別由公雞、蛇及豬為代表，所有輪迴皆由此而生起。

❷ 六道：輪迴的六道為地獄道、餓鬼道、畜生道、人道、阿修羅道及天人道。

❸ 前一節課的問題收編在《*Shenpen Ösel*》Volume 4, No. 1，網址：http://www.shenpen-osel.org。

譯 註 ··

① 黃財神（Jambhala）：藏傳佛教各大教派普遍供養的五姓財神之一，因其身相黃色，故稱黃財神，為諸財神之首，屬於護法神之一。

② 元丹貢布（Yönten Gonpo, 708-833）：西藏著名醫聖，著有《四部醫典》，集合當時各地的醫藥思想而成，被視為是藥師佛在人間的化現，也是西藏醫學的奠基人。

③ 施受法（tonglen）：藏文tonglen，意為施予與接受，又譯為自他交換。基本上，修法時就是在吸氣時想像吸入他人的痛苦，呼氣時把喜樂施予眾人。

④ 佩瑪‧丘卓（Pema Chödrön）：當今藏傳佛教著名的比丘尼，自從一九七四年出家以來，常在歐洲、澳洲及北美洲主持工作室、講座、冥思。佩瑪‧丘卓同時也是甘波寺院院長，該修道院是北美第一座藏傳佛教寺院，而她是創巴仁波切指派的住持，亦是創巴仁波切最傑出的大弟子之一。

3 手印與手勢的意義

　　你們當中有人問及修藥師佛法的手印及手勢，今天早上我先解釋這個問題。你們知道，在修法時，重點是禪定，包括觀想，它們是屬於精神性質的，但我們也使用身與語來澄清，並加強這項精神的過程。譬如，我們使用言語來唸誦法本的描述等，以澄清我們所做的觀想，並且用身體所做的姿勢及手勢──叫做手印，來使觀想更加清晰。重點當然仍在禪修本身，因此，只做精神方面的修法而不加手印，特別是在特殊的情況下，也是被允許的。

手印可使觀想更加清晰

　　修此法時，第一次使用特殊手印的地方，是邀請尊的時候，也就是，當你觀想自身是藥師佛，以及一尊藥師佛在你面前，然後，你請求真正的智慧尊藥師佛前來，並最後融入你的自身觀想及對生觀想中❶。

　　在此以及其他幾處地方，法本中的祈禱文特別以部分梵文加以強調。在邀請的最高潮、每次獻供的最高潮，以及在修法主體中重複咒語時，都是用梵文唸的，這是所有金剛乘修法的標準形式。這麼做的原因是，佛陀是以梵文講授佛法的，未來

的諸佛亦將以梵文說法，因此，我們在修法的重點之處使用梵文，爲了使大家習慣，並藉此與梵文有所接觸。

在迎請諸尊的最後，你用梵文唸誦咒語：**拿麼　瑪哈　貝卡則　薩巴瑞哇局　邊紮　薩瑪呀　紮紮**。你說的是：「**藥師佛及您的協侍們，請記起您不變的誓願，並到這裡來。**」這時，你觀想藥師佛與他的協侍出現在你前面的空中，然後融入你的自身觀想及對生觀想。誦此咒時所用的手印，稱爲「集會手印」，做法是兩手腕交叉在胸前，手掌朝內，右手在前，左手更靠近身體，並且彈指。

兩手腕交叉，代表藉誓願不衰的凝聚力，將本尊請來。彈指表示立即地、此刻，它確實表示一個時間的單位，叫做一刹那；在這裡，代表任何一種度量時間制度中的最小單位。譬如，在佛陀住世時代的印度，一天分爲三十個時段，每一時段又分成三十段，再繼續分下去，直分到短得無法形容的時間，就定爲一刹那或一瞬間。在《時輪金剛密續》（*Kalachakra Tantra*）①中，將一天分成小時，小時又分成小段，然後再一直分下去，直分到時間短得我們感覺不出它的持續時，那就像是沒有時間，或稱爲空。不論如何，一刹那是可想像得到的最短的時間單位。儀典中使用彈指，代表一刹那。在這裡的邀請情況，你彈指表示：「**請立即前來融入我，不要有任何耽擱。**」在獻供的時候，你在結束獻供手印時彈指，那代表：「**請即刻接受供品，願你們立刻可以享用，無需等候。**」在像皈依典禮之類的儀典中，彈指用來指明在那個特定的一刻，你受了戒。

　　然後，你誦**邊粲　薩瑪呀　滴叉**^哈**廉**，意思是說：「透過您憶起自己的金剛誓願的力量，請保持穩定。」在你唸前面的咒語迎請智慧尊時，你是請他們來融入你自己；而當你唸**邊粲 薩瑪呀　滴叉**^哈**廉**時，你迎請他們融入對生觀想，並請求他們穩定地停留在那裡接受供養，以聚集功德。在此，你做的手勢是將兩手轉為手掌朝上，置於胸前，很像是禮貌地請人就座一般。

五方佛與五智

　　其次就來到灌頂。灌頂咒的前五個音**唵　吽　張　舍**以**阿**❷，指的是五尊男性佛。這是給予你自己與對生觀想的灌頂。**唵**代表毘盧遮那佛，**吽**代表阿閦佛，**張**代表寶生佛，**舍**以代表阿彌陀佛，**阿**代表不空成就佛。

　　五方佛有時被說成是在你身外的五處淨土，有時也說他們是你本具智慧的五個面向。在將他們當作本具智慧的五個面向時，他們相對於佛的五智。例如，毘盧遮那佛是法界體性智。法界體性智是認識一切眾生原本存在的性質或空性，它也遍及其他四種智，因此有這個特別的名稱。

　　這些智慧並非真正互不相涉，它們被分成五種，是為了說明智慧的特性。一般來說，佛的智慧包括兩方面，雖然說成兩種智慧，但也並非是真正分開的。一種智慧是了知事物的本然，指的是事物在勝義諦的本質，這個面向的智慧等同於法界

體性智（the wisdom of dharmadhatu）❸；它是了解事物的本
然，了解所有事物真正性質的智慧。

　　佛的另一種智慧是知道有什麼。了知事物本然的智慧，是
了解所有事物的本性或勝義諦。但同時，佛也知道有什麼，意
思是說，佛一方面了知每一物本具的性質、每一物的空性，而
他們依舊可清楚地看到事物的顯現或表象；不過，雖然可清楚
地看見，卻不會產生任何執事物為實有的幻覺。因此，佛所見
的世俗諦就如同看鏡中之物一般，影像雖極為清晰鮮明，但知
道鏡中只不過是一種顯現，而不是真正有實物在那裡。因此，
佛這種認識世俗諦的智慧，稱為大圓鏡智，那是看清事物雖然
未出生卻依然有清晰的顯現。大圓鏡智是阿閦佛。

　　佛的第三種智慧稱為平等性智。所指的是以下的事實：從
鏡子的觀點來看，不論它所展示的是什麼，或它展示得多麼清
楚，或是它能夠現出任何影像，就鏡子來說，它對自己所展示
的事物卻全無概念。展示只是展示，沒有我、他之分，也沒有
好、壞或其他概念性的框架。在佛的智慧中，這種對展示認知
卻沒有迷惑概念的事實，稱作平等性智。平等性智是寶生佛。

　　第四尊是阿彌陀佛，他代表妙觀察智。一位佛——成佛時
的我們，或任何一位其他的佛——具有上述解釋過的三種智
慧：法界體性智、大圓鏡智與平等性智。這些是佛之智慧的特
徵，他們看見或他們知道，但不加以任何形式的概念化。你可
能因為他們不加以概念化，而錯誤地認為，他們不會分辨事物
的特徵。換句話說，因為佛沒有好或壞的概念，那是否表示他

們不會分辨世俗諦的好、壞呢？因爲他們沒有紅與白的概念，那是否表示他們分辨不出紅色或白色的東西？不是的。佛絕對能夠分辨世俗事物或現象不同的特徵。這種智慧稱爲妙觀察智，那是知道有什麼的智慧的一個面相——根據我們將智慧區分爲了解事物的本然與了知有些什麼的觀點。妙觀察智對應於阿彌陀佛。

第五種智慧稱爲成所作智，它是以不空成就佛爲代表。意思是：因爲佛具有平等性、妙觀察等智慧，他們能夠自然地完成佛行事業而無需費心力。此類佛行事業是既無休止也不中斷的，佛的事業永遠可以適時地完成，此即是成所作智的眞義。因此，當你在修法時，重複唸誦種子字**唵 吽 張 舍**以 **阿**的時候，你所接受的內在灌頂是五智灌頂，外在灌頂是五方佛灌頂。

五方佛灌頂手印

每一個種子字都有一個特別的手印。

毘盧遮那佛的手印是在你唸**唵**字時做：將兩手合掌，手指交叉成拳狀，兩中指伸直合併在一起。

　　阿閦佛的手印是在唸**吽**字時做：
兩手合掌握成拳狀，兩食指伸出。

　　寶生佛的手印是在唸**張**字時做：
兩手相握成拳，兩無名指伸直合併。

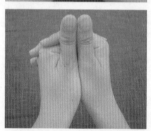

　　阿彌陀佛的手印是在唸**舍**以字時
做：同樣兩手相握成拳，兩拇指伸直
合併。

　　最後，不空成就佛的手印是在唸
阿字時做：也是兩手相握成拳，兩小
指伸直合併。

　　這些手印與我們所理解的五方佛所在的外在世界之情況有
關，這是所有密續共通的。佛部的毘盧遮那佛是住在位於中央

的淨土，稱為「中央密嚴淨土」；金剛部阿閦佛的淨土位於東方，稱為「東方妙喜淨土」；寶部的寶生佛其淨土是位於南方的「南方眾寶莊嚴淨土」；蓮華部的阿彌陀佛是住在西方的淨土，稱為「西方極樂世界」；羯摩部的不空成就佛住在北方的淨土，稱為「北方無上妙行成就淨土」。中央的毘盧遮那佛被視為遍及所有其他諸佛及他們的事業；其他四位佛各有特定的事業，以特定的方式利益眾生。阿閦佛主要的事業在息災，寶生佛在增益，阿彌陀佛在懷愛，而不空成就佛在降伏。

當我們談到五方佛的淨土時，我們說，淨土在東方、西方、南方、北方及中央，然而，顯然這些方位只是一種設定而已，它們並非指絕對的方向。我們不知東方究竟在何方，因為某一位置的東方會是另一位置的西方，它又是別處的南方及北方。那個地方真正是在東方，或是西方？可能是南方，或許是北方，你無法確定。因此，方向當然是空的，它們只在世俗諦有效。相對於我們設定的位置，我們才能有意義地說出什麼地方在它的東方或西方，所以它們只在世俗諦有效，它們只在相對於互相之間有效，而不具有絕對的效用，因此方向是空的。所以，除非相對於我們自身所在的位置，否則我們無法確切地說出東方淨土究竟在哪裡，因此，在佛教傳統中，我們將你本身所面向的方向稱為東方。

因此，這些手印會變得稍微複雜。因為東方是你所面對的方向，所以在迎請諸佛的時候，譬如，自東方請來的毘盧遮那佛，是來自你的前方；自南方請來的佛，譬如寶生佛，會由你

右耳的方向前來；從西方請來的佛，譬如阿彌陀佛，是從你後方，朝你的後腦過來；而從北方請來的佛，譬如不空成就佛，會來自你的左方。所以，當你接受五方佛灌頂，並觀想他們融入你時，他們是分別來自以上所說的方向而融入你的。我們前面示範過的手印，要碰觸你頭部的五個位置。因爲由中指代表的毘盧遮那佛是在中央，你用握拳而中指伸出的手碰觸頭頂的正中央；因爲以食指代表的阿閦佛與前方有關，你用握拳而食指伸出的手碰觸前額；因爲由伸出的無名指所代表的寶生佛來自南方，你用握拳伸出的無名指碰觸右耳的上方；因爲由伸出的拇指代表的阿彌陀佛來自西方，你用握拳伸出的拇指盡可能地碰觸你的後腦；最後，因爲以伸出的小指所代表的不空成就佛來自北方，你用握拳伸出的小指碰觸左耳的上方。結手印及碰觸的動作，是配合著唸誦種子字同時做的。

當你眞正做這些手印時，前三種很明顯，但當你唸到代表阿彌陀佛的種子字**舍**以時，不要將拇指從頭頂伸到後面去，而是由右邊盡可能向後，然後你再到左邊唸**阿**。

在你唸**唵　吽　張　舍**以　阿時做這五種手印，同時接受五方佛的灌頂，然後他們融入你。當你唸咒語的其餘部分**阿比肯紮　吽**時，爲了答謝五方佛融入你，你的手掌朝上伸出雙手，然後，將手向內轉向自己，直到掌心差不多朝下，代表諸佛融入你。

獻供的手印

以上的手印是為灌頂做的。下面我們來到獻供的手印❹。

第一個獻供的手印是在唸咒語的**阿爾岡**時做的，**阿爾岡**指的是供養的飲水。所以，手印是用手做成盛水容器的形狀，那是照仁波切所示範的方式做（兩手合捧著，指尖相接，拇指併在手掌邊及食指上）。

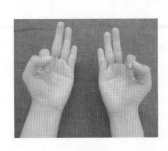

第二種供品，**巴當**代表為佛洗腳的水。在佛住世的年代，當時的習俗是以海螺殼盛水淋在腳上。所以，你在這裡所做的手印，是以拇指的最後一節抓住食指的指尖，其他三指伸直，手掌朝上，那是像仁波切所示範的海螺手印。

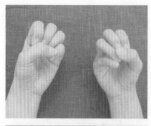

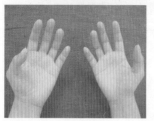

　　第三種供品，**布貝**是花供。手印是做用手撒花瓣的姿勢（兩手的手掌朝上，以拇指按著四根手指的指甲輕握成拳狀，然後突然放開拇指伸手做撒物狀）。

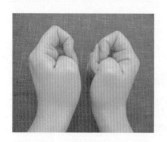

　　都貝是香供，因此，手印是做成盛細香粉的容器狀（雙手握拳，手指上下排列抓著朝下的拇指）。

　　下一項供品，**阿洛給**代表燈或光。手的位置與朝上伸直的拇指，表示燈和它的燈芯（與香供的手印相同，除了拇指不握在手指中間，而是朝上伸直）。

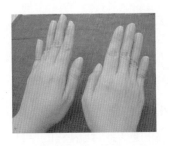

下一項供品，**根喋**代表在身體上塗香水，所以，兩手的姿勢是做往別人身上塗香水狀（舉起兩手，手掌向前與地面垂直，手指朝上並輕輕移動）。

下一項供品，**涅威喋**是食物，以**涅威喋**──食子（torma）②為代表，它是以適當的碗裝著供在神龕裡。在此，你做的手印是兩手伸出，手掌朝上，兩無名指朝上伸直，代表神龕裡的食子。

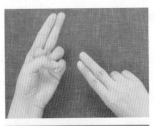

夏ㄅ達意思是「聲音」，第一次出現在這裡是代表獻供的音樂。手的姿勢是做用手指敲陶鼓的動作（兩手的拇指按著無名指與小指，食指與中指向前伸直以食指在上，輕微地上下做敲打狀）。

在獻過以上八項供品之後，接下去的五樣供品是取悅五種感官的。

第一種手印，**如巴**意思是色，這裡指的是美麗的形象。代表它的手印是鏡子，將你的右手伸直，手掌朝外，左手握拳，將它的拇指朝上伸直，連接在右手掌的基部，代表鏡子的把手。這表示形象是用鏡子照見的事實。

第二個手印是**夏不達**，在這裡指的是所有的聲音。聲音的手印永遠是用一種樂器為代表。對這第二個聲音，有些人做琵琶手印或吉他手印，不過，在我自己傳統中的做法，是重複前面的打鼓手印。

根喋代表好聞的香味，用前面做過表示香水的手印。

再就是**鬲薩**，是獻美味的供，就用前面**阿爾岡**的手印，但容器裡盛的是食物而不是飲水。

之後是**斯巴爾謝**，代表觸覺的感受，手印是舉起一塊精緻的布料，做法是將雙手轉動到手掌朝外，拇指與無名指相觸。

當你唸**札地擦**時，它的意思是單獨地，那時，你將雙手轉成手掌朝上，並且彈指。

在獻下面幾組供的時候，像八吉祥物、八吉祥記及輪王七寶，你繼續雙掌合十，做祈請或祈請印，持續至整個獻供的過程結束。這部分沒有特別的手印，也不彈指。

當我們獻曼達，唸曼達咒**唵 扄大那 曼達拉 吽**時，有通常用的曼達手印。

● **譯者**：我猜，在這裡的許多人並不知道這個手印。將雙手的手掌朝上，手指交叉，使兩手的手指都出現在手掌上，不要讓手指在手背後面，然後用拇指抓住另一隻手的小指的指尖。然後，再用食指套住另一隻手中指的上指節。之後，解開交叉的手指，成為手指合併伸直，手背對手背。這是我能做的最簡單的描述。這裡不用彈指。

● **仁波切**：其餘部分的獻供──沐浴、拭乾與穿衣，都沒有另外的手印，只需雙掌合十做祈請印。

此外，你們在修法中，將雙手合十是有特殊意義的。雙掌合在一起，不要壓成平的。兩掌中間要有些空隙，使手的形狀像一個花苞，所以，它被稱為蓮花手印，代表一朵含苞待放的蓮花。蓮花是一般性的佛法象徵。蓮花生長在淤泥或

沼澤之中，但它開出的花朵卻潔淨而美麗。因此，蓮花（引伸到蓮花手印）代表佛法的修持，同時也為了提醒你自己這項意義，所以在修法時將手掌做蓮花手印。

如果你們有問題，現在可以發問。

問・答・錄

● **問**：仁波切，您曾經說，未來佛法會由其他的佛以梵文教授。能夠請您解釋為什麼會那樣嗎？是梵文有特殊之處，使我們與證悟狀態更接近嗎？或者在將來，當我們修持佛法而希望能夠達到更接近證悟的狀態時，我們有能力了解，而使這一切聽起來更易領悟？或者，這不是確定的法教，所以要從佛陀住世那個時代的觀點來加以詮釋？

● **仁波切**：首先，關於所有的未來佛都將以梵文說法這項陳述，是確定的或是另有隱藏的意義——意指不是字面上的意思，而是字面上的話所象徵的意義——我無法決定。我不能對你說：「那是可以照字面上解釋的確切說法。」或者說：「那是另有涵意的象徵性說法。」我無法決定這個問題，是因為它的來源是《賢劫經》（*Badhrakalpa Sutra*）③，經中佛陀列出在這特定一劫出現的一千位佛當中，每一位佛的父母的名字、說法的風格、說法時間的長短、參加說法的協侍人數及性質等等。其中包括在佛陀之前的三位佛及在他之後的

諸佛。例如，在這本經中，佛陀述說彌勒佛會是這一劫的第五位佛，獅吼佛是第六位佛。他討論一千位佛中的每一位，直到最後一位盧舍那佛（Rochana）。佛陀在經中預言諸佛前來之處，曾說他們都將以梵文說法。佛陀這樣說的用意，是很難確切地加以推斷的。

在修法的祈禱文中使用梵文的效用，基本上，在於建立佛陀所使用的原始文字的加持力，梵文的部分都出現在儀軌中最重要之處——重複唸誦的咒語❺，以及在修法達到高潮的位置，諸如迎請以及每項獻供的極致之處等等。因此，即使在不使用梵文的地區修法時，這些部分仍保留原文不加以翻譯。至於這是否表示，我們可以因此將梵文視爲基本上更優越的文字，我想，重點不在於它是否更優越，或更神聖，而是因爲我們相信，佛陀當時是用梵文說法的。也有的佛教傳統一向認爲，佛陀當初說法使用的是巴利文。不過，金剛乘傳統所持的看法是，佛陀大部分的法教是使用梵文，因此，我們覺得在修法時使用梵文，可以將佛陀的加持——他語的加持，帶到我們的修法中。

●**問**：這樣的預言仍符合無常的法教嗎？

●**仁波切**：你的意思是什麼？

●**問**：我的意思是，它是不能改變的嗎？或者，它仍然符合我們一直被教導的一切皆無常的大前提？

●**仁波切**：此一問題的無常面向在於世界上使用梵文的變動。在佛陀的時代，佛陀當時生活的那個社會裡的人，眞正是說

梵文的，如今沒有人說梵文，它被認為是一種已經死去的語言。然而根據經中所說，它以後會回來，依這樣的方式，梵文將被恢復使用，之後再次變成死語言，如此延續下去。這是一個無常的例證。

● 問：仁波切，我想與KTC的僧團分享這次開示的錄音帶，不知這樣做是否適當。另外，我也想知道如果與一個團體共修藥師佛法，而其中有人沒有接受過灌頂，這樣合適嗎？還有，獨自在家中修誦本中短的瑪哈嘎拉法，適當嗎？

● 仁波切：關於你的第一個問題，任何人都可以修藥師佛法，不論有沒有接受過灌頂。至於在團體中設立一種修法，如果那是KTC活動的一部分，你需要先取得相關老師們的許可。第二，如果你對短瑪哈嘎拉法有信心，在家裡做肯定是可以的。

● 問：仁波切，這個問題與正在討論的題目並沒有直接的關係，它是牽涉到信仰與虔敬的，我想，它可能有些相關，且對大家有益。這與大寶法王一般的性情與儀表有關。你們知道，向大寶法王祈禱一直是我修法的一部分，而噶舉傳承說大寶法王是十地菩薩。我對此非常相信，雖然我未曾與大寶法王有過直接的接觸。不過有一次，當我修法遭遇困難的時候，我去讀《噶舉道歌海》（*Kagyu Gurtso*）④中，第八世大寶法王米卻多傑（Mikyo Dorje）⑤所寫的歌。在那裡，米卻多傑稱自己是一個普通人。我的笨頭腦想不通，一位如此高

階的菩薩怎麼會認爲自己是個普通人。仁波切，請解除我的
迷惑好嗎？

●**譯者**：我可以將你的話簡縮一點嗎？

●**問**：嗯，可以。

●**仁波切**：像你所說，在《噶舉道歌海》中，大寶法王米卻多
傑所做的說明是偉大上師典型的作爲，因爲他們主要的責任
是做弟子們的好榜樣，所以，他們在態度上不能顯得傲慢。
雖然他們並不眞正是普通人，他們仍然會這樣說：「我完全
是個普通人，充滿煩惱，一無美德。」他們這樣說是強調謙
遜的重要，你不必將這類言辭做字面上的解釋。

●**問**：仁波切，我從未修過前行，修藥師佛法仍然適當而有益
嗎？

●**仁波切**：沒有差別。

●**問**：我助理生產並幫助臨產的婦女，我想知道，在嬰兒出生
之後，我可以做些什麼來榮耀新生兒與母親？

●**仁波切**：今天下午我要講的藥師佛經的部分，將會回答妳這
個問題。

●**問**：我可以問另一個問題嗎？可否請您談一談，當你發現自
己被色情狂攻擊的時候，應該採取怎樣的行動？如果你有能
力防衛自己，怎樣才是對的做法？

●**譯者**：你的意思是問如何做嗎？

●**問**：是的。

○**譯者**：怎麼對付他們？

●**問**：可以傷害他們嗎？

○**譯者**：如何傷害他們或如何不傷害他們？

●**問**：怎樣做才對？

○**譯者**：如何脫身？

○**仁波切**：這個問題我要想一想。

●**問**：仁波切，當我在這裡的時候，我很清楚知道，最好的做法是回家之後將生活好好規劃，使自己每天可以抽出幾個小時來修行。而當我真正回家之後，實際發生的情形是：離閉關開示似乎距離更遠，而周遭的需要卻顯得急切而真實。我開始感到，花很多時間修行真正是自私而不顧別人的作為，而幫助別人是更有益的。我想，這是錯誤的想法，您可以就此評論一下嗎？

●**仁波切**：其實兩者都對，沒有一種想法是錯誤的。想精進修行是對的，將身邊的人放在第一位，照顧他們的需要，也是正確的。所以，你必須用自己的判斷力，根據現實情況，找出兩者間確切的平衡。唯一簡單而實用的規則是，不要在任何一方面走極端。不要花過多的時間用功修行，而忽略了身邊的人，以及他們的需要；也不要只顧他們的利益，而使自己沒有很多時間修行。

● 問：仁波切，對於觀想，我有一些困擾。就我了解，您說觀
　　想的藥師佛是我們內在藥師佛的鏡子。如果他是鏡子，您為
　　什麼說他比較大？那不是會產生混淆嗎？

● 譯者：你的意思是指你右手所在的地方會是他的左手嗎？你
　　確是這個意思，或者你是指他是同樣大小？

● 問：要將對生觀想的藥師佛觀想成比自身觀想的藥師佛來得
　　大，而我覺得在什麼地方又說過二者是同樣大小。我為什麼
　　要將面前的藥師佛觀想成更大呢？這樣會使我產生不安全
　　感，覺得自己永遠不夠好。

● 譯者：比較大，你是說身形比較大嗎？你不只是在講協侍
　　吧？

● 問：不是。那使我感到他比我更有力量。

● 譯者：仁波切沒有說過對生觀想中的藥師佛更大。

● 問：那可能是法本裡說的。

● 譯者：嗯，是在法本裡。

● 仁波切：法本的作者一定有特別的理由，在那時那樣說。

● 問：我猜，我可以將他觀想成與自身觀想同樣大小，那樣觀
　　想會使我更有自信。

● 仁波切：你可以觀想他們是同樣大小。

● 問：仁波切，三昧耶（samaya）⑥主要是由信心與虔敬來實
　　踐，它可能比是否完成修法更重要，對不對？譬如你正在修
　　某一種法，其後你接觸到這種，而決定改修這種法。相對於

完成某一種法的確切進度，信心與虔敬更重要嗎？

● **仁波切**：是的，基本上，三昧耶是由信心與虔敬來維持。

原 註

❶ 自身觀想及對生觀想：參見《*Shenpen Ösel*》Volume 4, No. 1，頁29及／或頁61，網址：http://www.shenpen-osel.org。

❷ 灌頂咒的前五個音唵　吽　張　舍以　阿：參見《*Shenpen Ösel*》Volume 4, No. 1，頁34及頁62，網址：http://www.shenpen-osel.org。

❸ 法界體性智：書中用the wisdom of dharmadhatu，有時亦英譯為the wisdom of all-encompassing space或the wisdom of all-pervasive space。

❹ 獻供的手印：參見《*Shenpen Ösel*》Volume 4, No. 1，頁34及頁62，網址：http://www.shenpen-osel.org。

❺ 重複唸誦咒語：在做各種觀想時，重複持誦儀軌中主要的咒語，經常是構成儀軌修習的主體。

譯 註

① 《時輪金剛密續》（*Kalachakra Tantra*）：時輪金剛為藏傳佛教無上瑜伽部的不二續。據傳是由釋迦佛親身所傳，為諸密法中最高無上極殊勝的法門。薩迦派最早傳時輪金剛法，奠定了藏密時輪金剛修學的基礎，後來各派普遍修習，較大的寺院均專設時輪學院。

② 食子（torma）：在西藏地區，以主食糌粑（青稞粉）做成各種形式來供佛，稱為食子。

③ 《賢劫經》（*Badhrakalpa Sutra*）：梵文原典已佚，現存藏譯本與漢譯本等。漢譯本是由西晉竺法護所譯。本經內容敘述佛陀在祇園時，答覆喜王菩薩的請問，首先說諸種三昧及其功德，次言八萬四千大乘德目及佛陀的殊勝功德，又列舉賢劫中出現的千佛名稱及所居城邑、族姓、父母、弟子、壽量、三會眾數等，最後敘及傳持本經的各種功德。

④ 《噶舉道歌海》（*Kagyu Gurtso*）：歷代大寶法王和許多噶舉派傳承持有者的證道

歌選集，由第八世大寶法王米卻多傑所選錄，已經有英譯版本。

⑤ 米卻多傑（Mikyo Dorje, 1507-1554）：出生於藏東丹丘，是一位非常有才藝的語言學家，除了精通梵文，在詩畫和雕刻上也有相當的成就。一生有甚多著作，影響力深遠，特別是著名的修心法本《上師四座瑜伽》，已成為噶瑪噶舉傳承中最重要的教法之一。

⑥ 三昧耶（samaya）：又譯為三摩耶，指諸佛或眾本尊的誓願，具有平等、本誓、除障、驚覺等四義。

4 持藥師佛名號的五種利益

《藥師佛經》首先解釋藥師佛的十二大願，之後，佛陀開始講解聽聞及持藥師佛名號的利益。第一項利益是：即使一個最貪婪的人，只要他聽到藥師佛的名號，就會從貪婪及其果報中解脫。第二是行為不道德的人，如果他們聽到藥師佛的名號，會變成行為端正，並因而解脫不道德的業報。第三項利益是針對非常嫉妒與爭強好勝的人，他們總愛誇耀自己，彰顯自己的優點與名望，以擊敗並凌駕他人。這種人一心想著要打敗、壓制他人，使人難堪。如果他們一直樂此不疲，他們將投生三惡道——畜生道、餓鬼道或地獄道，而遭受極大的痛苦。不過，如果他們聽到藥師佛的名號，透過聽聞的加持與誓願，他們將從這種業報中獲得解脫。

這些人在聽到藥師佛的名號之後，他們的態度會改變，他們會變得更富有洞察力，而由於洞察力的開發，他們會對自己的行為做更巧妙而適當的選擇。同時，他們的心也開始安定下來而變得更寧靜，終究會變成勤修德性的人，並且發現自己周遭圍繞著品德高尚的朋友——心地善良、行為端正的朋友。如果沒有聽聞藥師佛名號的加持，照他們一貫的行為模式，很可能會被貪婪的朋友包圍。他們周圍的朋友，包括老師和一般的朋友，是影響他們、促使他們改變的條件之一。當一個人懷著

強烈且無情的嫉妒心與好勝心，會傷害到別人而累積大量的惡
業，這種強烈的競爭以及伴隨而來的生活方式，被稱為魔的索
鍊（藏文是夏克巴〔*shakpa*〕）。

　　當這個人聽到藥師佛的名號時，這條索鍊即被剪斷，在那
之前，他們的狹窄見地強化了他們積極而強烈的競爭心，那是
一種蒙昧或無明，就像被困在蛋殼裡一般；若不能破殼而出，
則無法成長，而他們本具的洞察力與智慧的潛力也因而無從開
展。當他們聽到藥師佛的名號時，他們破殼而出，使他們本具
的洞察力與智慧有機會發展，此洞察力使他們的煩惱枯竭，特
別是嫉妒所引起如洶湧的河流似的煩惱，這條河流會逐漸地乾
涸。透過聽聞藥師佛名號的加持，這樣的人會遇見對他有正面
影響的老師與朋友，而同時，他們自己的洞察力也不斷增長。
由此而產生的結果是，他們積極地使用各種方法來消除煩惱或
使煩惱枯竭。

　　這只是短期的利益。長期來看，聽到藥師佛名號的人，將
免於生、老與死亡的痛苦。生，自然就是死亡之始，它總是以
死亡為終點，因此，生與死被認為是同一個過程。生、老、死
本是我們生命中必然發生的事，而透過聽聞藥師佛的名號，我
們最後終於可解脫它們所帶來的痛苦。這是第三種利益。

　　聽聞藥師佛名號的第四種利益是，它可以平息紛爭。有些
人就是喜歡吵架，一有機會就要爭論不休，惟恐天下不亂，他
們喜歡盡其所能地誹謗、傷害他人，以身體、言語傷害人之
外，有時還使用魔法咒詛。他們是惡毒的，確實會對人造成傷

害。遇到這種情形，不論是那惡毒的人，或是他的受害者，聽到藥師佛的名號，整個狀況即會平靜下來。如果是那惡毒的人、那咒詛者聽到藥師佛的名號，他的惡意會減少，他們不再想要到處找人吵架並咒詛人家；如果是他們以惡意相向的受害者聽到藥師佛的名號，那惡毒的人將無法加害於他。如果是他們召來當地的惡靈，替他們邪惡的目的與野心服務，惡靈會無力傷害預計要加害的對象。這並不表示透過藥師佛的法力，可以用暴力驅除惡靈，而是將惡靈變為慈善。最終凡聽到藥師佛名號的人，不論是原來被惡意所向的對象或行惡的人（邪魔師之類）皆會變得慈善。

　　到此為止，我們已解釋如何可以消除缺點、負面的行為、貪婪的惡果、不道德、嫉妒與惡毒；接下去，經中說明藥師佛名號本身的直接利益，以及聽聞和持他的名號所帶來的其他各種利益。經中說，任何一位有信心並憶念藥師佛名號的男子或女人，若受持八分齋戒一個月、一週或數日，或只要保持身、語的行為正當，而祈願投生於阿彌陀佛的淨土西方極樂世界，將在他們往生之後，立即神奇地投生到那裡。不願前往西方極樂世界的人，則將投生於天界，在那裡享受榮華與歡樂。雖然在一般的情況下，生於天界者在福德竭盡時，將投生到下三道，而持藥師佛名號且行為端正者，則可免於投生下三道，他們將持續愉悅地生活；如果他們想再投生到人界，將誕生在人世間最幸運與快樂的環境，他們將是健康、勇敢、聰明且仁慈的，並且因著優異的特質，他們將繼續良善的行為，成為激勵

他人的好榜樣。

恭敬供養的人必須有四種純淨的態度

　　至此，佛陀在經中已經說明五種持藥師佛名號的利益——消除四種缺點以及它的直接利益；然後，文殊師利對佛陀及聽法大眾述說藥師佛經的重要性。他說，很重要的是，我們要受持此經、唸誦此經、書寫此經，以鮮花、香及其他供品恭敬地供養此經，並向他人宣說此經的意義。他說，這樣做，許多利益將自然地增長。從事這些活動的整個地區，都會受到四大天王及壇城中其他諸尊的加持與保護。

　　佛陀回應文殊師利所言，並加以補充說：任何想要恭敬供養藥師佛的人，應該恭請一尊藥師佛的像——一尊雕像、畫像或其他形式的像，或觀想藥師佛。對之恭敬供養一週，或不論多長一段時間，向藥師佛熱誠地祈請，吃純淨的食物——意思是不經傷害其他眾生而取得的食物，勤盥洗，並穿著潔淨衣衫等等；向佛經與佛像表示恭敬，並以各種供品供養，包括寶幢、勝幡等等。

　　恭敬供養的人必須有良好的動機，才能產生效果。在此，良好的動機需具備四個特點。第一是供佛的心純淨無瑕。無瑕在這裡的意思是，沒有自私與爭勝的瑕疵。你修法的動機必須不僅為利益自己，而是為利益所有眾生，並且要沒有任何競爭心。良好動機的第二個特點是，它是無污點的。在此，無污點

指的是信仰，無污點、無保留的信仰，對信仰對象沒有任何反感的信仰，沒有任何懷疑它可能無效的信仰。

良好動機的第三個特性是無惡意。惡意可以表現出許多不同的形式，它可顯現為憤怒，那是明顯而可立即加以處理的；還有憤慨，它也是惡意，不過，你將它懷在心裡，等到未來的某個時刻才表現出來；還有懷恨，那使你想說討人厭的話或做討人厭的事；另外，還有蓄意要害人，而不只是懷恨在心而已。去除這些形式的惡意，你的態度就會是真誠地希望別人快樂而沒有痛苦。意思是，當你看見一個人快樂時，你感到高興，並希望他更加快樂，且免除任何他仍可能正在承受的痛苦；如果你看見一個人在受苦，你希望他所有的痛苦都能夠消除，並得到完全的快樂。

良好動機的第四個特性是不偏心，那是毫無例外地以仁慈對待所有眾生的態度，不會特別喜歡某些人，卻對其他人漠不關心，你的態度應該視所有眾生為走在同一條道路上的旅者。

以如此良好的動機為出發點，如果行者一面繞行佛像，一面心中憶念藥師佛的十二大願，並誦藥師佛經，或至少憶念經中所說受持藥師佛名號的利益，這樣他們的願望即可達成。

說他們的願望可達成，是因為人們各有不同的願望。有的人希望長壽，他們從事這些活動，如祈求藥師佛、繞行佛像、對藥師佛虔誠信仰等等，即可得享長壽。有些人不在乎活多長久，但對財富更感興趣，這些人可以透過這種方法獲得財富。也有人不在意財富，而想要孩子，他們可用這種方法得到孩

子，當然，可以不單靠這種方法而已❶。有些人希望俗世的成功，如生意方面等，他們可由此而得到成功；要點在於，你可以透過經營同樣的俗世業務或生意，而能更不費力地達成你的願望。

同樣地，如果有人被惡夢糾纏或經驗不祥的徵兆，像看見他們認為不吉利的東西，或經歷令他們焦慮不安的事件時，如果他們向藥師佛獻供，憶念藥師佛經及他的十二大願等等，則不祥的徵兆與惡夢等即會逐漸消失。

不但不祥的徵兆會消失，並且，若你正被某種災害所危及，像火、水、毒或武器，將跌落懸崖或成為其他意外的受害者，或遭大象、獅子、老虎、熊、毒蛇、蠍子、蜈蚣等的威脅，若你遭遇任何這類的危險時，如你祈求藥師佛，皆將化險為夷。

此外，向藥師佛祈求，還可以在你陷於戰爭時，保護你免於戰爭的危險，或免遭搶劫、遇土匪等不幸。

阿難，你相信我所說的嗎？

任何一位信仰佛法，尤其是信藥師佛的人，不論男女，如果他受過某種戒，諸如皈依戒、優婆塞或優婆夷戒（the vow of an upasaka or upasika，在家弟子戒）①、菩薩戒，或比丘及比丘尼戒，透過藥師佛的加持，他們大多都能持守。如果受過戒的人不能持守，他們會變得沮喪。他們會想：「我立下這樣的誓願，卻不能持守，我一定是那種想做什麼卻做不成的人。

事情都不順利，我這輩子可能會有大禍臨頭，死後一定將投生惡道了。」假使像這樣的事發生在你身上，如果你祈求藥師佛，為藥師佛上供，並虔誠信仰他，你將免於遭遇那些災禍的危險，並且不會往生惡道。

經中在這之後所提到的事項，正可回答稍早有人問及的問題。經中如此說：當一個女人正在生產時，如果她預期生產會不順利，而將受巨大的痛苦，這時如果她虔誠祈求藥師佛，則生產不會太困難；孩子會順利地生下來，母子均安，並且孩子會健康、聰慧，一直很強壯。

這時，佛陀又說明了幾項向藥師佛祈請及獻供的不尋常利益；之後，佛陀轉而對阿難（Ananda）②說話。他指名叫阿難，因為當時阿難還不是大菩薩，而是一位聲聞，是修小乘佛法的行者。佛陀已講了經，並解釋它的利益。他也曾談到藥師佛驚人的特質、他的十二大願及其功效、受持藥師佛名號的效用等等。所以，佛陀對阿難說：「阿難，你相信我所說的嗎？你對此有信心，還是有所懷疑？」

阿難回答佛陀的問題，他說：「我毫不懷疑您所說的話的真實性，我相信您說的每一句話。事實上，我之所以相信您所說的一切，是因為我親眼見過您身、語、意的美質；我親眼見過您的神通，我親眼見過您沈浸於甚深禪定當中。所以，我知道您不可能誤導眾生，我對您所說的任何話都深信不疑。不過，有些人會不相信，有些人聽到這些時，他們會認為這都是不可能或不真實的。他們會不會因為聽到這位佛和這部經卻不

相信，甚至心生厭惡而造作大惡業呢？」他在最後反問佛陀這個問題。

阿難有此一問的理由是：理論上，這種情況是可能產生困難的。理論上來說，如果一個人對於一位佛所說有關另一位佛的種種，以及它們的利益與加持，而他認為是不真實時，那可能阻礙他在證悟上的進步。但是，佛陀做了以下的回答：「阿難，事實上，在這件事上並沒有這種危險。很可能有人在剛聽到這些的時候，會難以置信，但是，因為他們既已聽到藥師佛的名號，則透過聽聞名號的加持，他的不信與厭惡不可能持續很久，那就是藥師佛的德性與法力的展現。這是極為深奧的事，惟有菩薩能夠理解❷。」所以，一個人起初的不信，最後並不會變成他解脫的障礙，也不會使他聚集惡業而往生惡道等等。如果一個人對此經心存懷疑、不信或甚至厭惡，但因為佛陀教授此經的方式所帶給眾生的加持，也因為藥師佛本身的誓願，所以並不會造成嚴重的問題。

知道這樣的情形是很重要的，因為我們免不了有時會有所懷疑。譬如，我們在這部經中讀到某些內容時，我們會想：「那怎麼可能。」然後我們又想：「糟糕，我對經有謬見，恐怕要大禍臨頭了。」不管怎樣，在這裡不會有這樣的問題。

今天下午就講到這裡。我發現在過去幾天中，我一直都在講，而沒能和你們一起修法或禪坐。常有人要求我與他們一起禪坐，我們現在就一起來坐幾分鐘。

原 註

❶ 不單靠這方法：即他們可以排除障礙而得子女。

❷ 惟有菩薩能理解：菩薩由於了悟空性與相互依存而達菩薩初地時的特徵之一是，他或她開始發展一種洞察力，使他們可以了解各種開發靈性的方法，不論是佛教或非佛教的，並且了解佛陀所講授的各種法門或精神修持的技術。

譯 註

① 優婆塞和優婆夷戒（the vow of an upasaka or upasika）：指在家修行、受持五戒的男、女居士。在家居士必須遵行的五戒，包括不可：殺生、偷盜、邪淫、妄語和飲酒。

② 阿難（Ananda）：佛陀十大弟子之一，是佛陀的堂弟，出家後二十餘年間，做為佛陀的常隨弟子，擅長記憶，對於佛陀的說法大多能朗朗記誦，被譽為多聞第一。

5 祈求藥師佛以得保護

在我們接受佛法的指導時，動機是非常重要的，你要認清所接受的指導，是你修法的基礎，而修法有很大的利益。利益不僅限於對你個人或少數他人，而最終將由一切眾生分享你修法的利益。因此，在你開始接受指導時，心裡就要想著由接受指導、由對藥師佛禪修與祈請、由研讀他的經等等，你將學會修法，而可以幫助眾生得到解脫。

念念不忘藥師佛的德性

我們上次介紹藥師佛經及受持藥師佛名號的利益，之後所討論的問題，是由救脫菩薩發言，他是藥師佛協侍中的十六菩薩眾之一，因此，也出席聆聽釋迦牟尼佛說法。他起座，以與文殊師利同樣的姿勢向佛陀頂禮請法。他對佛陀及所有與會的大眾說話，他並沒有真正向佛陀提問，而自己述說了更多藥師佛經的利益。他首先讚嘆佛陀的仁慈，為大眾講授藥師佛經，解說藥師佛的十二大願及它們的效應、解說經及佛號的利益等等。之後，他說願意做些補充，於是他說，如果有人患重病而痛苦不堪，而圍繞在病人身邊的家人及朋友也憂戚愁苦時，即使病人看起來已在彌留之際——他們已愈來愈看不清楚這個世

界，而開始看到未來的中陰世（intermediate state）①，這時，如果向藥師佛熱切祈請，透過他的加持，病人仍可能復活。

救脫菩薩接著說：「因為像這種利益今生與來生的情況是可能發生的，所以，男女信眾應該恭敬、禮拜，並祈求藥師佛。這是非常重要的。」

這時，阿難對救脫菩薩說：「你說供養、禮拜藥師佛非常重要，我們應該怎麼做呢？」救脫菩薩回答：「為了免除自己及他人的疾病與痛苦，必須每日白天與晚上各憶念藥師佛名號七遍。」

經中說，只要聽聞、憶念藥師佛的名號，或將之記在心裡，就會有種種利益，這確實是如字面上的意思，只要聽聞、憶念藥師佛的名號，或將其記在心裡，就有某種程度的利益。不過，當說到憶念名號時，包含的意思多於只是記起名號而已，那表示聯想到藥師佛的德性，由想起他的名號，懷著熱誠的虔敬心讚賞他的德性。此外，那不僅是讚賞在遙遠某一淨土的一位佛，他有這種種的德性，還包括我們真心地想效法他，希望能像他一樣證悟佛果，發同樣的誓願來利益眾生，因此，我們激勵自己要精進修行，以達到與藥師佛相同的境地。持藥師佛名號或憶念藥師佛名號真正的意思是，念念不忘藥師佛的德性，而熱誠地走在帶領我們獲致那些美德的成佛之路上。然而，這並不表示只聽聞藥師佛的名號就沒有益處，還是有益的。不過，由藥師佛名號之加持所產生的最大利益，是經由對藥師佛的信仰為基礎之精進修持所產生，不是只來自於聽聞他

的名號。

救脫菩薩繼續與阿難的對話，他說，如果行者恭敬祈求藥師佛，則「國王將獲得充分的授權」。按字面的意思是：在恭敬藥師佛的國度中，國王得到充分的授權來行使權力；但它的含意是說，全國臣民都變得幸福，而以國王得到適當的授權為象徵。這表示由於行者的修持，疾病、戰爭、惡靈的作崇——諸如與某些星宿、行星有關的幽靈，以及各種天災人禍，像不合季節的強風、過量的雨水或乾旱、瘟疫或民事的紛爭等，皆能得以避免。要避免這些不幸，行者必須以大愛與慈悲向藥師佛恭敬祈求。

換言之，透過對藥師佛的祈求，災難可以消除，疾病及惡靈的騷擾會減少，在修法的國家中，其他的問題及動亂也會平息。這表示，由於我們為利益眾生而修持佛法，並祈求藥師佛，不僅使我們本身受益，同時也利益了我們所在的整個地區與國家。

阿難接著又問救脫菩薩另一個問題。他問道：「怎樣可能如您所說，透過祈求藥師佛的加持，可以使一個幾乎死去的病人復活？」救脫菩薩答說，因為這個人的生命與活力尚未真正耗盡，所以那是可能的。因為一種緣的存在，使他幾乎死去，如果那個緣不除，就會導致死亡；但是，那個緣是可以除去的。於是他列出九種導致過早死亡的緣。過早在此是不必要的意思。他說，有時經由對藥師佛的祈求，可以消除這些緣，因此可避免死亡，而使那個人繼續活下去。

只要經常向藥師佛祈求，就會受到保護

　　十二藥叉大將一直在場聽佛陀說法，他們聽到所有的開示與對話，於是集體向佛陀發言。他們對於聽到經的法教表示感謝，他們說：「我們非常慶幸能在此聽聞藥師佛名號，以及他的德性和利益，因為透過聆聽這次說法，我們已經得以免除墮入惡道的恐懼。」他們之所以這樣說，是因為當時他們是俗世的神（mundane gods）❶，如果沒有聽到藥師佛經，會和我們一樣，有墮入惡道的危險。不過，他們相信，在聽過藥師佛名號及利益之後，投生到三惡道的危險已然消除。因此他們說：「我們為此非常高興，所以我們要皈依佛、法、僧。」因為他們受到聽經及聽聞藥師佛名號的激勵，決定皈依，並承諾以利益眾生為志業，而永不傷害他們。在某方面來說，他們也發了菩提心，承諾要保護眾生。

　　此外，十二藥叉大將還說：「我們特別要護持有藥師佛經的處所，並且保護任何恭敬供養藥師佛的人，及他們所在的地方。」所以，十二藥叉大將和四大天王誓願保護藥師佛經及其信眾，使他們免於受到傷害。

　　佛陀回應十二藥叉大將說：「好極了。正如你們所說，你們已得聞藥師佛名號，如今已解除墮入三惡道的恐懼及危險。你們對此感到的愉悅與信心，以及所表達的感激，尤其是你們對眾生福祉的承諾，以及法教對你們的鼓舞，都是非常殊勝的。」

　　所以，不論你們將之當作藥師佛及他的名號之加持，或是十二藥叉大將的保護，只要你們經常向藥師佛祈求，就會受到保護。我可以告訴各位一個我親身的經驗，當我住在錫金隆德寺的時候，有一次我需要進城，有一部車經常由寺院開去城裡，我認識那位司機，告訴他，我那天需要一起進城。但是不知什麼原因，他沒有通知我就開車走了。所以，我只好找了另一部車坐到城裡去，就因為這樣，我現在還活著。第一部車出了嚴重的車禍，除了司機倖免，所有乘客皆喪生；尤其像我這麼胖，若是在那部車裡，肯定會被壓扁。我認為自己得免於難，是由於三寶的加持，因為沒有明顯的理由，為什麼司機那天沒有載我一起進城。

　　我將這件事牽連到藥師佛，是因為在那之前，我曾遇見尊聖的薩迦法王（His Holiness Sakya Trizin Rinpoche）❷，我曾請求他為我占卜未來的吉凶。他說：「如果你能夠修一百遍藥師佛法，則一切可能影響到你的障礙都會化解。」於是，我就修了一百遍我們在講的這個藥師佛法，我認為，這就是我沒有死於那次車禍的原因。所以，這裡說到藥師佛法能夠保護一個人，因中毒或意外導致的過早死亡等等，我是深信不疑的。

　　至此，佛陀講完藥師佛經的主體部分，救脫菩薩也曾發表見解，還有十二藥叉大將也已表達他們的感謝及承諾。這時，阿難再起立向佛陀致謝，他說：「您今天所開示的法門，我們以後要如何稱它？這次開示的法門必須有個名稱。」

　　於是佛陀說：「你們可以稱其為藥師琉璃光如來本願功德

經，或者稱十二神將饒益有情結願神咒。」

最後，在佛陀爲此經命名之後，所有聽佛說法者：爲首的文殊師利、金剛手及其他諸菩薩，以及十二藥叉大將等眾，皆爲佛陀說法圓滿，及自己得親聆法教，表示皆大歡喜。

在經的最後寫道：「《藥師佛琉璃光如來本願功德經》。」這代表經是完整的。很可能有人拿到的經只是部分而不完整，加上這句話，表示這部經到此結束。

《藥師佛經》到此講解完畢。如果諸位有問題，我們上午還有些時間可以討論。

問・答・錄

● **問**：多謝仁波切。可否請問藥叉的定義？他們是人嗎？藏文是什麼？

● **譯者**：諾進（*Nöjin*）。

● **問**：他是人，還是什麼其他的對象？

● **仁波切**：藥叉不是人，他們是非人類的眾生，最常被視爲財富神祇。

● **問**：當他們參加釋迦牟尼佛說法時，在那裡的人能夠看見他們嗎？我的意思是普通的人，不是大菩薩等等。

● **仁波切**：照經中寫的情形看來，好像每個人都能看見他們。

● **問**：他們是血肉之軀，還是像光一樣的身體？

● **仁波切**：我不知道。

● **問**：如果他們是世間的神，他們同時又已達證悟嗎？如果他們還沒有，爲何我們要向他們禮拜？

● **仁波切**：我不知他們是否已經證悟，但因那時他們承諾保護佛陀的法教，他們成爲護法，我們以世間的護法皈依他們。

● **問**：如果他們出現，我們是否得聽他們的話？

● **仁波切**：也許你最好聽。

● **問**：仁波切，對於我們中間有許多人修過的其他佛法，像修止、觀及各種儀軌等等，我有很強的信心。雖然我不見得是個很好的修行者，但我深信，這些修法會帶我達到成佛的目標。不過，我不確定那是否像我們以爲的會有益健康，因爲時常似乎並非如此。有時我感覺很不舒服，所以可否請仁波切說明一下？

● **譯者**：哪一種修法？你是說它們整體，或特別指金剛乘修法？

● **問**：施受法、止、觀，以及各種儀軌之類。

● **仁波切**：好，主要的本尊修法，像金剛瑜伽母及上樂金剛（Chakrasamvara）②，並沒有特別提到對疾病有很大的效果，但是像修止，是對疾病很有幫助的。

● **問**：我知道許多人無法來參加閉關，假如他們來了，一定會非常快樂而感激的，當然那是不可能了。不過，我在想，以後可以怎麼做。如果我們有這次閉關開示的錄音帶，不知可

否在像我們在維多利亞（Victoria，加拿大溫哥華島的首府）的佛法中心，或在其他地方的中心播放錄音帶，而以後仁波切可以抽空到我們中心來，安排一個節目或授予灌頂？當然，這些人一定要了解，他們必須是佛教徒，否則灌頂必須包含皈依。

● **仁波切**：當然可以。

● **問**：仁波切，接續同一個問題，仁波切知道，香巴拉中心一直在不遺餘力地保護法教，尤其是金剛乘法教。所以，在法教的指導更容易取得這方面，對我們是一種全新的狀況。因此，對於怎麼做才適當，仍有一些爭議。我想，是否請仁波切更詳細地說明，可以適當地介紹這些開示資料的其他可能性，以便使大家一方面可接受正確的指導，同時也使大家有更多可以接觸到的機會。

● **仁波切**：我想，你可以讓大家盡可能自由地取得資訊，因為這樣做不會給任何人帶來麻煩。這與經中的一段話有關係，阿難曾在經中請問佛陀說：「有沒有可能因人們聽到這些不相信，而反聚集惡業，這樣不是比根本沒聽到更糟糕嗎？」而佛陀的回答是：「不會，即使他們最初的反應可能是不信或甚至厭惡，藥師佛本身的加持會改變他們的心意。」

● **問**：對生觀想是自身觀想的鏡中像，或是相反的情況？

● **譯者**：你說鏡中像，是指你的右手是鏡中像的左手，是嗎？

● **問**：是的，如同鏡中的影像。

● **仁波切**：並不是鏡中像那樣。在自身與對生觀想中的藥師

佛，都是右手伸出持訶子，左手托缽置膝上。

●**問**：仁波切，對於修儀軌的行者，有許多指導他們如何觀想的資料，我想聽您告訴我們，自身觀想應該怎樣做才適當，因為我們對自己及自己的身體都有很深的執著，因此，做這樣的觀想不太容易。我想聽您如何指導我們觀想自身是本尊。

仁波切：進行自身觀想時，你不用嘗試、也沒有必要將自己對身體的執著除去。你要做的是，將藥師佛的身體加在你自己執著的那個普通身體上面。

●**問**：請原諒我，仁波切。雖然我非常想相信，但是我感覺自己很像阿難講的那個人。當我還是個小女孩時，那是在1939年，我在倫敦的一座女修道院裡。院裡的修女告訴我，如果我以極大的誠心與信仰祈求耶穌，將希特勒變成一個好人，戰爭就不會發生，我們可以防止戰爭而確保安全。所以，我當然覺得自己的信仰不夠虔誠，因而感到非常難過。但當我想到西藏人的遭遇時，更是讓我心碎，他們在精神修持方面遠超過我，信仰也更虔誠，他們修藥師佛法，卻仍然不能避免戰爭。請您在這方面開導一下好嗎？

仁波切：首先，就像我曾經說過的，佛法修持的效果不是立竿見影的，它通常不會以立即而戲劇性或神奇地改變現狀的方式展現。我曾舉例說，如果你祈求財富，不會立刻有金子

從天上掉下來；不過，總是會有利益的，那利益會展現為逐漸出現的長期效果，或者像在我所說的故事中的情況轉變。譬如，我不認為，你小時候在第二次世界大戰爆發前的禱告是白費的。例如，你並沒有在倫敦大轟炸中喪生❸，卻有許多人被炸死。至於西藏，當然如許多人所知的，西藏是在戰爭中被擊敗。我們必須接受一個事實：當一個人口眾多的大國進攻一個小國時，他們是會獲勝的，這是難以逃避的後果。如果我們從政治的觀點看，我們必須承認西藏是輸了，但從佛法的觀點看，西藏的佛法傳統卻絕對沒有輸。以前在西藏，如果有人從西藏去到遠至印度北部的卡林邦（Kalimpong），那算是不得了的長途之旅，那是將法教宏揚到世界的另一端了；然而，如今地球上，幾乎無處沒有西藏佛法中心、西藏佛塔及閉關中心等等。

●問：請您解說一下，您給我們的小圖片上的內容好嗎？

●仁波切：圖片中坐在上面的紅色像是無量壽佛（Buddha Amitayus）。下面是兩位菩薩，黃色的是文殊師利，白色的是救脫菩薩。

●問：當我們證悟的時候，會停止感受嗎？

●譯者：是從佛的觀點來看嗎？

●問：是，我想是的。不過還有，一旦每個人都依大乘的看法得到解脫，感受會停止嗎？或究竟會發生什麼事？

譯者：這是兩個問題嗎？當一個人達到證悟時，他是否不再有所感受；以及當每一個人都證悟成佛時，是否一切都將結束？

問：或會如何呢？是的。

仁波切：當一個人證悟成佛時，他不會停止感受。至於他們感受到的是什麼，以我們的標準是無法想像的，唯一可說的是，那一定是絕對的純淨。譬如，他們所見的都是純淨的，他們所處的環境也是淨土等等。

你的第二個問題隱含著另一個問題：「會不會有一天一切眾生都成了佛？」在你問到以後會發生什麼事之前，必須先問這個問題。而它的答案是不會。永遠不會有某個特定時間，輪迴對所有眾生都不復存在。所有眾生無一例外地都證悟成佛的那一天永遠不會到來，因為眾生的數目是無限量的。而當我們說：「我決心要做這個那個，直到所有眾生皆出輪迴。」我們這樣做是為了生起廣大無限的誓願與承諾。我們那樣說，不是因為認為會有輪迴變空的一天，而屆時我們的合約可以終止，而是因為我們不要發一個有限期的誓願。我們不願發願說：「我要利益眾生，不過只限三年或只到何時為止。」

現在再回到你的第一個問題，有的典籍當中講到這個題目，例如，在中觀派（Middle Way School）③所介紹的佛的證悟，在證悟後，佛只存在於對別人的知覺裡，有淨也有不淨，但並不感受到自己的存在。但在金剛乘，卻不是這麼教的。金剛乘很確切地教我們真實的報身淨土，真實完美的報

身事實上是自我的經驗，亦即是佛自己的感受。

● **問**：仁波切，您對於經乘的傳統，以及藥師佛如何被引見到這個世界，解說得非常詳盡。對於藥師佛的認識，實際上是源自於釋迦牟尼佛，這使我對此修法的來源深具信心，因為我非常敬信釋迦牟尼佛。不過，您所教的修法有很大部分也是屬於密續的，觀想的許多細節顯然來自其他地方。您能否將它們的出處仔細說一下，使我們可以對它們的來源產生類似的信心與認識。

● **仁波切**：此一修法是經與密續的結合，我已經解釋過它的經的來源，基本上，它沒有一個可一直追溯到釋迦牟尼佛的密續源頭，它是一種與密續有關的經的修法。換言之，它是一項以經為根據，採用或配合密續的方法而成的修法，特別是某些無上瑜伽密續（anuttarayoga tantra）④的方法。它在佛陀住世的年代之後，透過曾自佛陀接受法教的諸菩薩的證悟，以及又自諸菩薩得到法教的各位大成就者，而演變為一個密續的修持法門。從這方面來看，它與主要的密續修法（如上樂金剛或時輪金剛）不同，這些密續修法的來源是佛陀親授的特定密續，屬於某個特定的密續部，像某種形式的無上瑜伽部等等。同樣在這方面，它也與各種較初階的密續（瑜伽部〔yoga〕、行部〔carya〕、事部〔kriya〕）不同，它們也是源自於釋迦牟尼佛。所以，藥師佛法基本上是一種屬於經的法門，而採用了無上瑜伽密續的方法，它有特定的佛

經為根據，但沒有特定的密續經典來源。

●問：那它的所有細節以及豐富的觀想，是怎麼來的？那是包含在更長的經裡嗎？還有，宮殿及它的各種色彩等等，是否源自於在佛陀之後的某位特定人士？

●仁波切：宮殿是根據藥師佛經裡的描述，經中說，藥師佛的淨土叫做什麼、它是什麼樣子、它有怎樣的一座宮殿等等。協侍也是以經為依據的，經裡提到八藥師佛、十六菩薩眾當時都在場聆聽佛陀說法，還有十二藥叉大將、十方庇世神，以及四大天王也同時在聽法。觀想他們圍繞著諸佛與菩薩，確保你可得到保護與加持。

●問：為了怕會白費力氣，那所有的放光以及小藥師佛降落下來等，這些是根據其他的密續修法嗎？

●仁波切：是的。

●問：仁波切，待我回家之後，告訴我的家人與朋友，我參加了藥師佛閉關，他們若問我藥師佛是誰，我不知該如何告訴他們。我希望想出一個定義，可以對他們有益，雖然我知道，聽到藥師佛的名號將對他們有幫助，但我不願一開始就把他們嚇跑。所以，能否請您給一個外行人可以聽得懂的簡短回答？此外，我們新近養了一隻貓，我想讓牠接觸到藥師佛，不過，牠大概不肯在我們修法時，跟我們一起留在佛堂裡。所以，能不能放一張藥師佛的像在牠的飯碗附近或牠的

床邊？或者這樣做並不適當？如果一隻動物只是跟佛法的修行者住在一起，可以聽到我們談論佛法，這會對牠有幫助嗎？

仁波切：關於你的第一個問題，或許最方便的說法是告訴你的家人，你學了一種特別爲增進健康、免除疾病的禪修方法，只這樣說就好。至於放一張藥師佛的像在你的貓吃飯或睡覺的地方，那沒什麼不好。

現在時間已經到了，你們可以在今天下午再問問題。昨天有人問我，在遭到性攻擊或強暴的時候如何自衛，希望我給一個符合佛法的答覆。基本上，對於這個問題，佛法的答覆是盡可能預防這種情況的發生，這又可從兩方面考量。第一是提高警覺，避免可能使自己成爲這類攻擊的受害者的情況；第二是使自己強壯一些，讓可能做這種攻擊或行爲的人，不敢生起想欺負妳的念頭。

我們現在回向功德。

原 註

❶ 俗世神祇：世間神祇未達證悟，因此仍在輪迴之中。

❷ 薩迦法王（His Holiness Sakya Trizin Rinpoche）：薩迦派的領袖，薩迦派是金剛乘佛教四大教派之一。（譯註：薩迦法王的法位有一個特別的傳承方法，與其他宗派所用的活佛轉世系統不同。一般來說，薩迦法王是由家族世襲，但不是直接父子相承；通常家族裡的弟弟會結婚生子，然後法位由伯父傳給姪子。）

❸ 你並沒有在倫敦大轟炸中喪生：在這個問題的回答中，隱含著我們或可稱為對於業的發展面的了解。如果一個人造下惡業，譬如殺了人，他不但沒有悔意，還先

替自己辯護，繼而試圖將事件合理化，於是，他很可能會逐漸為此事而自鳴得意地說：「我這次殺人是做對了，以後我還要這樣做。」這當然會導致被殺的人是咎由自取的念頭，再進而變成他們都該被殺，然後演變成我們要組織一個運動來殺這些人。如此導致一個人態度的強硬，而心胸愈趨狹窄，以致他對自己該做什麼的錯誤觀念愈來愈執著，而變得很愚蠢。當這類的發展變得普遍化時，群體之間的仇恨與戰爭則因之而產生。

相反地，如果在殺人之後立即，或在其後發展過程中的某一時刻，他認出自己行為的錯誤，深深地悔悟，發誓絕不再做，並且做一些補償自己惡行的事，這樣的過程會使惡行的惡果停止發展。如果此人繼續為善，則惡業將逐漸被淨化。雖然那惡業的果報無從逃避，而是終必受報的，但它成熟的方式可以使它減輕到幾乎感受不到的程度。據說，釋迦牟尼佛在某一前世做菩薩的時候，曾經殺過一個人，因為那人計畫殺害搶劫五百位阿羅漢。那人後來投生為阿難。當時，那位菩薩在知道無法說服那個人放棄屠殺的計畫時，便將那人殺死，因而使五百位羅漢得免被殺，也防止了那預期的謀殺犯墮入萬劫不復的地獄道。當然，那位菩薩一再地投生為菩薩，從事愈益有效的善行，並持續發展對眾生的愛與慈悲，根據傳說，直到他終於在某一世成為釋迦牟尼佛。那蓄意謀殺五百位阿羅漢的人，也在那時投生為阿難，他是佛陀虔誠的弟子，並且在佛陀有生之年很長一段時間，擔任他的侍者。根據巴利大藏經（Pali Canon）的記載，佛陀有一次踩到一個刺鉤，他明白那即是曾經殺死後來投生為阿難的那個人的業報。做為一位佛，他當然不會為此而感到疼痛。

在此，仁波切暗示，那年輕女孩替希特勒向上帝祈禱，是一種補償行為，那可能改變了她個人的業之成熟，而真正保護了她，但其他的人沒有同樣的業，沒有祈禱或祈禱得太少太遲，則在大轟炸中喪生。

譯　註

① 中陰世（intermediate state）：中陰是指人死之後，一直到再度轉世投胎之間的這段期間。

② 上樂金剛（Chakrasamvara）：又名勝樂金剛，是噶舉派無上瑜伽部的本尊之首。形相有一面二臂與多面多臂等數種，其中又以四面十二臂為主，與金剛亥母現雙運相。

③ 中觀派（Middle Way School）：以龍樹菩薩的《中論》為基礎，宣揚空觀的佛教學派。

④ 無上瑜伽密續（anuttarayoga tantra）：藏傳佛教的密續包括四個部分，即事、
行、瑜伽和無上瑜伽，其中以無上瑜伽密續為最高的修行次第。

6 對本尊與惡魔的正確認識

　　我們已經講完了《藥師佛經》，另有一部與此經有關係的經，叫做《藥師八佛本願功德經》，八佛指的是主尊藥師佛及協侍他的另外七位藥師佛。他們是不同的佛，但他們的誓願基本上是相同的，所以我不再另外講那部經。

修法是開啓本具智慧的方法

　　在我們研習藥師佛經的時候，看到很多說明要恭敬甚至崇拜藥師佛的概念，經由對他的恭敬與崇拜，可以達成所謂切斷惡魔的索鍊。由此，我們產生了一種想法，認爲有惡魔在地下某個地方，而有本尊在天上某個地方。基於這類的說明，我們可能得到一個結論，認爲我們祈求的本尊，譬如藥師佛，是全能的外在創造者，好像他或她眞正能夠左右我們的遭遇，使我們經歷愉快或倒楣的事。那看起來似乎的確像是那樣，因爲如果我們祈求藥師佛，會得到兩種功效：普通的與無上的；而如果你不祈求藥師佛，則會惹上麻煩。然而，金剛乘對於祈求本尊之效用的觀點，基本上與這種想法不同。金剛乘的觀點是：本尊的加持，以及你透過這類修法所獲得的成就，都是你修行的結果❶。修行的成就使你得到它的果報，那基本上是你自己

的禪修狀況或三摩地所產生，是由自己的內在培育出來的。你培育此三摩地的潛能，以致獲得這些果報，是你自己的根本天性，亦即所謂的佛性。這種潛能是所有眾生皆具有的，它通常會被暫時的污點或染污所遮蔽，這些污點可以經由修行、禪修，或生起與圓滿次第的修習而消除。當這些污點被除去，而本具的佛性顯露出來時，那即是果報。所以，這項修法並非眞正對外在神祇的崇拜，而主要是開啓自己本具的內在智慧的一種方法。

向本尊祈求更易達成目標

因爲金剛乘對本尊的性質持如此看法，所以，金剛乘的特殊修持方法是將自己觀想爲本尊，因此在修藥師佛法時，你觀想自己爲藥師佛；但在佛陀的基本法教小乘佛法中，修行之道的終極結果似乎是無漏阿羅漢。在那裡，所教的是當一個人完成修行之道時，意思是，他們已排除或抛棄所有輪迴的因、所有的業與所有的煩惱，則他們自然地成就其結果，那即是停止那些因的果報，亦即對他個人而言，輪迴不再存在。因爲他們已排除那些果因而停止經驗它們，依小乘佛法來說，已然無所遺漏，因此稱他們爲無漏阿羅漢。根據小乘佛法的觀點，個人的解脫毫無例外地端賴自己禪修的成就，所以，沒有意義向自己以外的任何人或物祈禱或祈請，因爲根本沒有誰可以祈求。

金剛乘的觀點與此不同。根據金剛乘與大乘佛法，曾有無

數佛與菩薩出現，他們皆由發菩提心而步上修行之道，而在行進中聚集福德與智慧資糧，歷經三世無數劫（根據大乘佛法的說法），而終於抵達或將抵達終點，達到完全證悟而成佛。而在成佛之後，他們確實有給予加持的能力，此即我們之所以要獻供、禮拜及祈請等等。因此，在金剛乘的修法中，我們不但觀想自己是本尊，同時還觀想本尊（如藥師佛）在我們面前，將重點集中在對生觀想上，我們獻供等等以聚集資糧，我們向本尊祈求得到加持。所以，從金剛乘的觀點來看，事實上的確有祈禱的對象，而這樣做使行者更容易達成目標。

克服內在惡魔的辦法

　　與此有關的是對修持之目標的了解。有時由於介紹佛法的方式，使得聽起來似乎修習佛法唯一被接受的目標，是為了解脫眾生而達到完全證悟，說得像是完全不該想到今生的利益似的，像是隱含著佛法並不能對個人的今生有益的意思。事實上並非如此，特別是金剛乘傳統，我們談到兩種悉地或成就的獲得，其中之一是無上悉地或無上成就。經由禪修，透過生起次第及圓滿次第的修持，你逐漸排除精神的煩惱與認知的染污，而最終成就佛果。成佛即無上成就。不過，如果你認為這是唯一的利益或修行的唯一目的，情況卻不全然如此。金剛乘還談及普通悉地或普通成就。經由對本尊的禪修，你也可得長壽、財富或免於生病等等，就是因為金剛乘對普通悉地的著重，所

以才有這麼多的本尊。譬如，為得財富，你修財富本尊，如黃財神；為了身體健康免生疾病，你可以修藥師佛；為了增加對法之奧義的慧見，你可以修文殊菩薩。為這些原因修持，不會被認為有任何不適當之處，既然有這些法門存在，由修持而獲得所求顯然不是不可能的。

　　這是有關對本尊禪修及祈請的看法。然後還有事情的另一面，有關可能被我們認為在地下某些地方的惡魔，正像是可能被我們想成在天上某些地方的神祇。我們一般會對惡魔有兩種想法。其一是認為，惡魔乃是指我們自身精神上的痛苦，那完全是自己的煩惱，而非某種試圖誘惑我們的外在東西，或干擾我們的精神過程。而另外一種想法認為，惡魔完全是外在的，任何事不順利，就認為是有某種外在的邪惡力量企圖加害我們。這兩種想法都過於極端。

　　在佛教傳統中，通常將惡魔分為四類：稱為天子魔（devaputtramara）的是天人的孩子；煩惱魔（kleshamara）是精神上的痛苦；蘊魔（skandhamara）是五蘊之魔；及死魔（mrtyumara），死亡之魔。這些惡魔主要是內在的。第一類的天子魔，指的不是某種外在的邪惡力量，而主要是你自己強烈的貪愛與渴求。它被稱做天人的孩子，是因為這個魔在圖像裡，不是被畫成醜陋恐怖的樣子，而是某種可愛的形象；原因是，它是渴求或非常想要某種東西，所以用貪戀的調性來代表。強烈的欲念會擾亂佛法的修持，以及你證悟的成就。第二種煩惱魔，是精神痛苦之魔，它即是你的精神痛苦本身，它們

變成了魔，是因為自無始以來的習性不斷地在維持並培養它們，使它們一再地出現；要拋開或壓制它們很不容易，有時它們離開一下，又會再回來，因此，它們會干擾你的修行。

第三種惡魔是五蘊之魔的蘊魔。五蘊是構成輪迴存在的色、受、想、行❷、識。這些蘊本身即是魔，因為蘊是無常的；既是無常，所以不斷在改變，因此，它們永遠是痛苦的直接或間接的因。為了獲得永久的快樂，為了超越輪迴之苦，我們必須超越五蘊。在五蘊的束縛之下，絕無可能達到永遠快樂的境況。

第四種惡魔是死亡本身，它在圖像中被畫成是忿怒或可厭的樣子。死亡當然是我們最害怕的東西，死亡是帶著巨大的掙扎、恐懼、痛苦而來的。

這四種惡魔基本上都是內在的，它們不是外在的生命，要戰勝這四種惡魔需要靠佛法與禪定的修持；尤其需要的是，對人的無我以及一般物的無我或空性的了解。為了對無我或空性在這兩方面的了解，我們做空性的禪修，特別是依照金剛乘傳統，禪修自心的本性，因為那是顯然的空性，明顯而可以直接感受到的空性❸。因此，修止與修觀是可以使我們認識自心本性的根本，那是認識自心本性之空性的直接方法，有了這層認識之後，我們得以逐漸成就究竟佛果，達到完全的證悟，屆時，則四種惡魔將一舉被徹底征服。這便是我們克服內在惡魔的辦法。

適當的對治方法可以戰勝煩惱

　　因此，金剛乘的修持包括修止與修觀，但是，典型的金剛乘修持並不僅限於此，還包括廣大的生起次第與圓滿次第兩大類。金剛乘認為，四種惡魔是不淨的顯現、迷惑的投射，以及產生那些投射而存在於一個人心中的某些傾向，像煩惱及認知的染污等。四種惡魔包含不淨的顯現及它們的具體化，不淨或負面的業也在其中❹。根據金剛乘的傳統，要制勝四魔，必須超越這些不淨的顯現，才能夠體驗純淨的顯現。我們可經由禪修來獲得純淨的經驗，一切顯現皆純淨、我們的環境為淨土、我們的身體純潔無瑕等等。如果我們對事物的禪修，並不是事物真實或根本的面目，則禪修不可能有效。然而，因為我們的本性是佛性，雖然暫時的染污使我們視所見為不淨，那與我們的本性比較起來，是較為次要的——所謂暫時或次要，指它們是可除去的，它們是空幻的，它們非本具的性質；因為我們基本或真實的本性是佛性，而那些遮掩了它的染污並非它本具，而是可以除去的，所以，正如我們的真實本性是純淨的，顯現在基本上也是純淨的。我們修持生起次第的目的，即在於揭露這真實本性，以及這些純淨的顯現。

　　生起次第的修習在起初極為困難，因為它與我們習慣性的不淨投射，是完全背道而馳的，而我們所經驗的不淨顯現，即由這些不淨的投射所產生。不過，經由努力，的確可培養視事物為純淨的習慣，達到使我們生起對事物的純淨清晰形象的程

度。從那以後，則現象眞正的純淨本質將逐漸被揭露出來，我們對本尊生起次第的禪修目的即在於此。同時，也爲了揭露現象的這種純淨本質，我們不把物體看做它們所呈現的普通實物——普通的土、普通的石頭等等，而視之爲空性的化身所展現出來的生動純淨形象。以這樣的方式，透過生起次第與圓滿次第的修持，我們將可成就終極的結果❺。

　　在我們修行中，常會經歷不同的狀況，遭遇各種障礙，諸如身體的疾病或精神的消沈，或者工作上的各種外在挫折。這些都是由兩種原因所引起，一種是過去的業，另一種是當下突發的緣。雖然我們通常認爲，過去的業一旦成熟而生起時，要改變它是非常困難的，不過，如果你祈求諸佛菩薩、上供、聚積資糧等等，仍然可將你的業淨化。淨化你的業，同時也淨化了你的某些煩惱❻。我們每個人一定都有煩惱，然而，適當的對治方法可以戰勝它們，只要你虔誠且持續地使用這些方法。使用適當的對治方法，尤其是諸佛菩薩的加持，你可以改變你的業而減輕你的煩惱，因而消除或減少障礙及不利的狀況。

　　另一種原因是所謂「突發的緣」。突發緣的一種類型是業債，那種情況是，目前所發生的事並非由你以前所造的業因所起，而是由另一個生命強加在你的身上，由於你與他在前世所結下的某種業的牽連，譬如他曾在前世遭你毒打、被你殺害，或你曾經偷過他的東西等等。有時，某個人沒有什麼明顯的理由，但就是不喜歡你，而開始迫害你；有時，那可能是個非人，一個沒有明顯形體的靈，因爲你在前世曾傷害過他，所以

今生他一有機會就找你的麻煩。這類事是相當可能發生在我們身上的，在這種情況下，如果你祈求藥師佛，上供、許下善願等等，這個人或靈的攻擊將被平息，而你得以排除障礙。

今天下午就到這裡告一段落。有些人今天早上未能發問，如果你們現在想問，就請提出問題來。

問・答・錄

● **問**：仁波切，看來似乎提供給西方的法教，大都偏重在精神方面的痛苦或煩惱，而並沒有很多真正有關身體痛苦的法教，像我們這個禮拜所談到一些對治身體痛苦的方法。可否請仁波切再從世俗諦與勝義諦兩方面，多談一些有關當身體的痛苦或疾病發生時，我們應採取怎樣的看法，以及在修法以外的時間，對治身體痛苦的方法。這是我的問題的第一部分。

● **仁波切**：當然，身體上的困難、痛苦及疾病，也經常發生在我們身上，這些都屬於世俗諦，是相對的現象。相對的現象是相互依賴的，意思是說，這其中的任何一種情況以及它的每一面向，事實上都是聚合許多互相依賴的緣，為了現出它們所顯示的現象，譬如疾病或身體上的疼痛。因為它們是相互依賴的，因為它們不是真實不變的單元，所以，總有可對治的方法。例如，在修藥師佛法中觀想藥師佛的身體、唸誦藥師佛咒、祈求藥師佛的加持等——所有這些都是精神方面

的，主要是做禪修與觀想，最初會鎮定你的心；而在使你的心平靜的同時，因爲身、心是互相依賴的，所以，你身體的疾病也得到撫慰。如果你生了病，它們會幫忙治好你的病；如果你沒有生病，它們會幫忙預防你得病。

同時，我們也使用藥物來治病。不過，從經驗得知，有時藥物有效，但也有時並無明顯的原因，正確處方的藥物卻似乎被某種因素干擾其療效，而不能有效地治病。向藥師佛祈求，可以幫忙防止藥物的失效，幫助藥物發揮效力。

●問：我可以繼續嗎？這個週末有許多健康保健及教學人員在這裡，時常與他們共事的人雖然不是修行者，但肯定具有某種開放的心態。可否請仁波切談一談，像我們從事醫療工作或在醫學院教學的人，在我們開始修法並學習、了解藥師佛及您的開示時，我們應如何將這一切應用在病人及醫學院的學生身上？

●仁波切：爲病人治病或與醫學生溝通，最重要的是要具有減輕疾病的根本基礎，並且必須是所有醫療人員共同具備的，那就是眞誠奉獻的願望去幫助他人，眞誠的願望去解除痛苦及至少是最直接的苦因。因此，我們昨天在經中講到的四種純淨無污點的態度，是非常重要的。遠離瞋恚，一心爲利益病者，是最重要的事，這些是需要具備、也需要傳達給醫學生的。

●問：仁波切，我要確定一下，您認可我將這週開示的錄音帶及所用的法本等與他人分享，而不必限於受過皈依戒的人。

是這樣沒錯嗎？因為有人在波特蘭等著我，我只是想完全確定。

● 仁波切：是的。

● 問：謝謝您。

● 問：我可能只是請仁波切重複他說過的話，不過我需要弄清楚。第一個問題是有關信心與虔敬。當我們在熱切祈求時，我想了解得更清楚，我們確實在祈求什麼？什麼是我們信心的對象，什麼又是我們虔敬的對象？我們是要對修法會生效或對本尊確實存在有信心？或兩者的組合？

● 仁波切：兩者都有。要點是，信心與虔敬會使你成就你試著在做的事。如果你有信心，你會達成目標；如果你沒有信心，事情就做不成。世事就是這樣運作的。如果你有信心，你就會去做，你會很適當地做一件事，而適當地做就會使事情順利進行，而最後獲得成果。如果你對一件事並沒有多少信心，你不會全心全意地去做或根本不做，因此你也得不到成果。所謂有信心的意思是，對一個過程基本上相信並且信任。針對藥師佛修法來說，那意謂著最首要的是，相信它是有效的。對於過程的信任，會使你對相關的本尊，以及教你修法的上師等之信心與虔敬油然而生。

● 問：虔敬與只是認識虔敬對象的卓越素質有關係嗎？

● 仁波切：被翻譯為虔敬（devotion）的藏文字，通常是用兩個不同意義的英文字來表示。第一個字是熱心（enthusiasm），它的意思是對某件事非常有興趣。而由第二個字尊敬（respect）所顯示的是：這種特殊的熱心，如你所指出的，是以對某人或某事超凡特質之認識爲基礎的。

●**問**：請您談一談淨化與加持的關係好嗎？

●**仁波切**：淨化與加持二者是不相同的，但它們並非互不相涉。淨化的意思是染污逐漸從你身上排除──包括認知的染污，那是無明；痛苦的染污，那是精神上的痛苦；還有業力的染污或你所造作的惡業之累積。而接受加持的意思是，透過你對佛或法的祈請，得到他們的加持。譬如，當你向藥師佛祈請時，透過自身祈請的力量，加上藥師佛十二大願的力量，就會產生一些效果，那就叫做加持。而另一方面，淨化與加持雖然不同，卻又可以互相影響──染污的排除使你得以更完全領受加持，而得到加持又可促使染污的排除。

●**問**：多謝您，仁波切。

●**問**：我有兩個問題及一項挑戰。您或許能夠不理會挑戰，那要看您如何回答第一個問題。第一個問題是：可否請您就全知與輪迴即涅槃的概念，來解釋我們的佛性與一位佛的差別？

●**譯者**：你問的是，能否解釋我們的佛性與一位證悟佛果的佛之間的不同，特別是，在全知與輪迴即涅槃這兩個問題上？這是個問題還是挑戰？

●問：是問題。它還附帶另一個問題：一個人如何能證悟而沒有知覺（consciousness）？我想這兩個問題是相關的。

●譯者：你說的consciousness是指什麼？

●問：是指您講過的不純淨的蘊。

●仁波切：佛性是存在於我們本性中的根基，就如同在蛋殼中的鳥，還沒有從蛋裡孵出來的鳥；而一位佛是已經出了蛋殼，在天上飛的鳥。我們每個人都有潛能展現出佛的各種美德，這種潛能是我們的本質，而它被我們的染污所遮隱了。只要它是被隱藏著的，我們就稱它為種子。我們用佛來稱一位他原本隱藏著的本質已然顯露出來的人。所以，基本上有兩種狀況：本質仍隱藏著的眾生，與本質已然展露的眾生。當本質未現出時，我們稱它為潛能、種子或佛性；當本質已然展現時，我們稱那位眾生為佛。

●問：您尚未回答如何能證悟而沒有知覺的問題。

●譯者：是的，對不起。

●仁波切：當你成佛時，你不會「失掉知覺」，而是轉化知覺，知覺的功能被轉化為智慧。在我們目前的狀態，知覺的作用是有些隨便而不完美的。有時，我們的知覺強烈到勢不可當，而有時又含糊而昏暗，不能適當地發揮功能。

●問：接下來這個問題很簡單。惡魔有沒有能力說服一個人相信他是佛，而他並不是；或者，使人相信他是某傳承的法王或一位菩薩，而他也不是？如果他有這種能力的話，一個人要如何保護自己不被幻象所騙，尤其法王或菩薩都是大家所

尊崇的？

● **仁波切**：聽起來有可能。

● **問**：那要怎樣保護自己不上當呢？

● **仁波切**：基本上，要靠保持良善的動機和培養大量的愛心與慈悲。

● **問**：我想將我的挑戰留待以後再提出來，因為還有許多人要發問。

● **問**：謝謝您，仁波切，也多謝喇嘛的翻譯。我的問題是有關僧團的。我們大多數的人對於皈依佛與皈依法都沒有懷疑，但是，皈依僧卻令我們禁不住翻白眼和緊張地傻笑。這一週以來，我們聚在這裡，像僧團一樣互助合作，但是，當我們離開之後，會回到不同的城市、不同的團體，並且進入不同的環境。我們來自於許多不同的教派（寧瑪、噶舉、格魯、薩迦及其他的）、許多不同的老師、許多不同的做事方法。而我看到發生在西雅圖的情況是：有一個團體認為他們的方法是最好的，有人說，這裡的一位老師有不清白的過去，另一位老師完全不用藏文講授等；他們有各種不同之處，甚至在同一個團體中，也有各種不同的觀點：這個人受過戒，所以他們是僧團，雖然他們可能不常修法；這個人老是在修法，但是沒有受過戒；另外那個人一直在修法，但是不到中心來。所以，對於僧團是什麼，以及如何對待僧團的成員有各式各樣的意見，我很想聽仁波切告訴我們：什麼是僧團、

什麼是修行者，以及要以怎樣的觀點與態度對待他們。

●**仁波切**：我們對僧團的態度，是由皈依僧的定義所指示的。皈依僧是接受僧團或佛教團體做為修行之路上的同伴。所以，你對其他行者的基本看法，應是將他們視爲走在同一條道路上的旅者。既然如此，你就沒有必要去特別審視某人，是不是你或別人所認爲夠格的、貨眞價實的僧團成員，你不需要操心要用什麼標準來做那樣的評鑑。某人是否屬於相同的傳承，他們的修持方法是否和你的完全一樣，或他們受了皈依戒沒有，這些都沒有關係，他們是走在同一條路上，有著相同目標的人。僧團的基本功能是，讓這些走在同一條道路上具有相同目標的人，能夠互相鼓勵修持佛法，使彼此保持聯繫，並對佛法與修持更加精進，而不是使彼此離修行之路漸行漸遠。

●**問**：仁波切，從那個方面來看，我們是希望僧團日益擴大，而不是愈來愈窄小，是嗎？

●**譯者**：你是指做爲一個團體嗎？

●**問**：是的。

●**仁波切**：如果擴大當然是好。一個僧團的人數愈多，修持的動能愈大；而動能愈大，會使大家的勇氣增加道心更趨堅強。

●**問**：謝謝您，仁波切。我的問題與照顧因罹患癌症等末期病人及爲他們止痛有關。有人告訴我，最好不要爲他們減輕太

多疼痛，因為那是業報，如果現在不讓他們承受疼痛，他們可能在來世或其他時候仍然會痛。我覺得，這似乎不是很慈悲的看法，尤其是，對那些並不是佛法的行者，而在疼痛中的瀕死病人。請您談一談這個問題好嗎？

●仁波切：一個瀕死病人的痛苦，有可能是他以前所做業之果報，不過，你給他減輕疼痛的藥，並不會消除業的作用，那會影響他疼痛的程度，但是業本身仍然在成熟。所以，你為瀕死的病人減輕疼痛，並不會使他們將來陷入更悲慘的命運。所以，一定應該給病人止痛的藥物。

●問：謝謝您。

●問：您講了許多關於不淨與純淨的知覺，我覺得很難了解或想像，一個在知覺上純淨的東西是用什麼做的。它是光亮的或是光嗎？另一方面，純淨的知覺又是什麼？

●仁波切：那與觀看的心更為相關，而所觀之實物的性質並不那麼重要。關於這點的一個簡單例子是：一個人在不同的心情下看同一件東西，會看得不一樣，看的效果會很不同。譬如，當一個人在很生氣的時候，心中滿懷怨恨與惡意，這時，他會覺得看到的東西惱人或可厭；如果同一個人在懷著愛與慈悲的正面情緒下看同一件東西，他會看到那件東西具有正面的性質。基本上，不淨的知覺或顯現，與純淨的知覺或顯現的意思，即是像這樣的，不過，以上所說的兩種狀態（一個人處於兩種不同的心境）之間的差別是很細微的。不

淨與純淨知覺的運作原理雖然也是如此，只是其間的差別可以更大。如果你能夠想像一個人具有完全純淨無任何負面因素的心，則我們會說，那個人所感受到的即是眞實、純淨的顯現；而充滿各種負面因素的心，感受到的是不淨的顯現。

●**問**：謝謝您的開示，仁波切。我有一兩個問題。我在想，批判的心在細微的層次，亦即當你感到批判的心生起時（不是說你在生氣，而是當這些批判的傾向發生時），你如何在當下予以消除？

●**仁波切**：你在講禪修的時候，還是不在禪修的時候？

●**問**：我是講不在禪修而與他人接觸的時候，或甚至日常生活中的簡單觀察。

●**仁波切**：第一步是覺察到這種傾向。如果你慣於認出這種微細的批判性念頭，則這種認出它們、並且不願再繼續想下去的習慣會自然地加強，而批判的念頭會愈來愈少產生。

●**問**：那眞正是怎樣發生的？

●**仁波切**：如果你沒有興趣去培養那些批判性念頭，反而使用正念與警覺，它們會自動地愈來愈少發生而終至消失。

●**問**：您提到藥師佛的兩位主要菩薩，日光普照菩薩與月光普照菩薩。可否請您多做些介紹？

●**仁波切**：我想，那是文殊菩薩與救脫菩薩的別稱。日光普照是文殊師利，月光普照是救脫。

●**問**：大家都不多談靈或鬼，不想去惹火或冒犯他們。我對藥師佛的信心愈來愈增加，我確定藥師佛法非常殊勝，不過，不知您能不能給從事治療工作，並會遇到真正被鬼附身的事例的人更多的指導？在處理過這樣的事例之後，該做些什麼或集中心思在哪方面？

●**譯者**：你的意思是，如果你試著治療被鬼附身的人，或是如果做為治療師的你被鬼攻擊？

●**問**：可能兩種情況都包含在內。你在治療某個被鬼附身的人時，而他們要討還身體。我一般所經驗到的是，自己保持很強壯而且意識清楚，不過，有時事後會感到疲乏，或可能發生其他的事。所以，兩種情況都有。

●**仁波切**：在這種情況下，最重要的是，修行者不僅要以慈悲心對待被附身者，也同樣要以慈悲心對待附身的鬼。當然，我們通常會對被附身者有慈悲心，而對附身者則未必如此。被附身的人值得我們的慈悲，因為他們在受苦。然而，附身者甚至更值得我們的慈悲，因為他們所做的事將成為導致未來受大痛苦的因。如果你能夠以慈悲的態度看待這些附身者，那將更容易使他們離開，同時，也不會產生精力耗盡等後遺症。

原註

❶ 修法的成就：那不是因為一位本尊喜歡某個人的讚美、承諾、服從，或其他方式的恭維奉承，而隨意給他的獎賞。

❷ 行識：五蘊（色、受、想、行、識）的行，書中用思想（thoughts），通常用觀念（samskaras）或心理的造作（mental formations）。

❸ 直接感受空性：使用推理來建立外在事物不真實存在的觀念並不困難，在此，真實是指單獨的、非合成的、永久的；而要直接「看」或經驗事物的不真實存在，則非常不易。見編者的註釋，第20頁，《*Shenpen Ösel*》Volume 2, Number 2，網址：http://www.shenpen-osel.org。

❹ 惡魔包含不淨的顯現及他們的具體化：加以具體化，是將某種抽象的東西當成是實質或實在的。這是邱陽‧創巴仁波切介紹到我們詞彙中的「現象的固化」的另一種說法。把我們自己想成是很渺小、無足輕重、基本上有缺點的人，基本上是憤怒、貪窮或愚蠢的，這即是將事實上不過是不斷在改變的，正在成熟進而竭盡的因與緣，予以具體化或將之當作是真的、實在而不變易的。雖然業的過程是一種示現，但它的本質是空性；業的成熟會表現出來，但它不是真的、實在的。它們並不真正存在，而認清它們的空性，它們不真實存在的本質，可使一個人從與它們相關的痛苦中解脫出來。如果一個人對於業的成熟的基本空性，認識得夠深並且夠連續的話，則不淨的顯現將消失，而他將自動地顯現為一位本尊，他的周遭即成為佛土。此一過程，將透過生起次第與圓滿次第的深奧法門，快速地開始並進步，如仁波切會繼續解說的那樣。

❺ 生起次第與圓滿次第的修持：最後，看見所有的東西生起為生動純淨的化現，是生起次第；認知它們的空性，是圓滿次第。

❻ 淨化業與煩惱：任何一項特別行動的結果，不僅包括它的後果，同時，還包括對於存在於我們心中的煩惱的加強，並使之永恆化，這些煩惱是促成行動的動機。

7 我們的佛性已被喚醒

你們大家一定都很忙，可是仍在百忙中抽身來到這裡，我為此向你們致謝。你們在這裡都非常勤奮而專心地聽講與修法，我也要特別為此謝謝你們。在《解脫莊嚴寶論》中有這樣的話：「雖然每一眾生毫無例外地都具有佛性，但此佛性是被我們的染污所遮蓋著的。」就像我昨天所打的比喻——如在蛋殼中的鳥。佛性存在的方式可以有各種不同，雖然所有眾生皆具佛性，但它可以被喚醒而顯現出來，也可能不顯現。當佛性處於蟄伏狀態，亦即如果在一個人的生活當中，沒有顯露佛性存在的跡象時，那個人就沒有立即獲得解脫的機會。而另一方面，當佛性被喚醒或激起，而佛性的特質得以展現時，則他可以開始得到解脫。對於你們諸位的情況來說，你們都決定到這裡來，而且在這裡精進地修習，這已充分證明你們的佛性之甦醒或顯現；我認為，這也進而證明你們在佛法的修持上，將繼續進步，直到獲得解脫。這就是我要為你們來到這裡修法而向你們致謝的原因。

不要因一時的不順利而沮喪

你們在這裡的這段時間，聽聞並修持特別與藥師佛相關的

法，長此以往，這將成爲你們達到解脫的因，而在短期之內，則是促進你們身心健康的因。所以，你們是極爲幸運的，因爲此法非常有益。現在，你們要回到日常的生活，並且試圖將修持納入其中，你將發現，有時你似乎可以做到近乎完美的安排，修持可以毫無牴觸或問題地加進生活當中，而似乎沒有任何阻撓或障礙干擾你的修持。而有的時候，你又會發覺各種問題阻礙你的修持，像時間的限制等等，以致讓你感到沒有機會修持，或至少不能像你想要的做那麼多。遇到這種情況時，絕不要氣餒。不要想：「我有障礙，我有大問題，我永遠沒辦法修行。不論我做什麼，事情總是做不好。」等等的念頭。不要讓一時修行上的不順利使你沮喪，要永遠記住，即使只是接觸到這樣的法，甚至只是聽到它，已經是極爲幸運、極爲有益的事。不論你與佛法有過怎樣的接觸，以及修過怎樣的法，你都絕不會失去它，它的利益永遠不會被毀壞或喪失，而遲早會帶你到達完全的解脫。

《解脫莊嚴寶論》中提到，佛陀在某部經中曾經討論，關於不具完全信心的人的獲益問題。顯然，有些人對三寶具有強烈而完全的信心，尤其是對法，這當然是非常美妙的；不過，也有人對法沒有那麼多信心，也就是說，他們對法有些信心，但也有些問題與懷疑。佛陀用比喻來描述這兩種情況：有十足信心的人，他們是以雙手合十在胸前，代表最高的虔敬與信任；而信心不很強的人，可能只將一隻手放在胸前。所以，佛陀所描述的情況是，有人只有我們所謂的「半信」，他們有信

心，但也有許多疑問。佛陀還提出問題：「如果是只抬一隻手的半信半虔的姿勢，會有任何利益與效果嗎？」他的答案是：「會的，絕對會有很大的效果，也會有很大的利益，並且它的利益將永不喪失。」它終究會帶你到達圓滿的證悟。所以，即便我們可能認爲是半信的態度，佛陀仍這樣加以讚揚。

我們的佛性已經被喚醒了

在佛陀提出的第二個比喻裡，首先，想像一處類似我們這裡的佛法中心，爲了前來，最先需要產生要來的意願。所以，某人可能會想：「我需要去這樣的地方密集修法。」如今很明顯地，你如果眞正到了那裡修法，將會有很大的利益；假設有一個人決定要去：「我要去那裡修法。」並且，進行了幾個準備去的步驟，但是，這中間有突發的狀況，而最後，他並未能如願前往。於是佛陀問道：「像這樣的情況，會有什麼效果嗎？」答案是肯定的，會有很大的效果與利益；即使有意願要前去修法，卻只前進了幾步，即使你根本沒去到那裡，沒能修法，那終究仍然是你獲得圓滿幸福的因。所以，在你的生活當中，你會經歷包括聽法與修法的過程，這中間有時候完全沒有阻礙來干擾你的修持，而有時卻又並不順利。不過，在不順利的時候不要太氣餒；記住，所有這些都是有益的，有時能夠自由修法，有時卻身不由己，這不過是正常的情況。所以，在遇到阻礙時，絕不要想成是自己不好。

　　這是在佛陀的法教當中所做的解釋，是由岡波巴尊者所引述彙編的，而如果我們自己想一想，也會得到相同的結論。如果考慮我們所經驗的這個世界的外相，我們通常經驗到的東西多是炫目的、多彩的、有力的、令人分心，甚至具誘惑性的，而我們的心很容易被牽動、被愚弄與被引誘。我們的心是非常天眞的，尤其是，我們對自己所經驗的事物還有很多想法，例如，我們認爲事物是會保持不變的、事物是穩定的等等。我們經常以單憑外相所得的想法愚弄自己，然而，不管怎樣，我們都生起了這樣的概念與想法：認爲修持佛法，尤其到此參加閉關，是值得的，這件事有足夠的重要性得以在生活中爲它安排出時間來，很多人根本不會有這種想法，大多數人不會選擇來這裡。我們之所以會這樣做，是因爲我們的佛性已經被喚醒了一點，我們已得到諸佛與菩薩的加持，並對我們造成影響。所以，雖然不時有障礙發生，它們並非像當時看的那麼嚴重。我們的佛性逐漸甦醒的過程已然開始，而我們曾做的決定是不能停止的，它最後終會將我們帶到解脫，所以，我們眞正是非常幸運的。當你辦得到的時候，當你具備必要條件及資源時，你一定要修持；而當有其他的事使你不可能做時，你不要太難過，而要知道自己是多麼的幸運。

【第四部】

《藥師佛經》

《藥師琉璃光如來本願功德經》

唐三藏法師玄奘譯

如是我聞：一時薄伽梵遊化諸國，至廣嚴城，住樂音樹下。與大苾芻眾八千人俱，菩薩摩訶薩三萬六千，及國王、大臣、婆羅門、居士、天龍八部、人、非人等，無量大眾，恭敬圍遶，而爲說法。

爾時，曼殊室利法王子，承佛威神，從座而起，偏袒一肩，右膝著地，向薄伽梵，曲躬合掌。白言：「世尊！惟願演說如是相類諸佛名號，及本大願殊勝功德，令諸聞者業障銷除，爲欲利樂像法轉時，諸有情故。」

爾時，世尊讚曼殊室利童子言：「善哉！善哉！曼殊室利！汝以大悲，勸請我說諸佛名號，本願功德，爲拔業障所纏有情，利益安樂像法轉時諸有情故。汝今諦聽！極善思惟！當爲汝說。」曼殊室利言：「唯然，願說！我等樂聞！」

佛告曼殊室利：「東方去此，過十殑伽沙等佛土，有世界名淨琉璃，佛號藥師琉璃光如來、應、正等覺、明行圓滿、善逝、世間解、無上士、調御丈夫、天人師、佛、薄伽梵。

「曼殊室利！彼佛世尊藥師琉璃光如來本行菩薩道時，發十二大願，令諸有情所求皆得。

「第一大願：願我來世，得阿耨多羅三藐三菩提時，自身光明熾然照曜無量無數無邊世界，以三十二大丈夫相，八十隨形莊嚴其身；令一切有情如我無異。

「第二大願：願我來世得菩提時，身如琉璃，內外明徹，淨無瑕穢；光明廣大，功德巍巍，身善安住，燄網莊嚴過於日月；幽冥眾生悉蒙開曉，隨意所趣，作諸事業。

「第三大願：願我來世得菩提時，以無量無邊智慧方便，令諸有情皆得無盡所受用物，莫令眾生有所乏少。

「第四大願：願我來世得菩提時，若諸有情行邪道者，悉令安住菩提道中；若行聲聞獨覺乘者，皆以大乘而安立之。

「第五大願：願我來世得菩提時，若有無量無邊有情，於我法中修行梵行，一切皆令得不缺戒❶，具三聚戒；設有毀犯，聞我名已還得清淨，不墮惡趣！

「第六大願：願我來世得菩提時，若諸有情，其身下劣，諸根不具，醜陋、頑愚、盲、聾、瘖、啞、攣躄、背僂、白癩、癲

狂，種種病苦；聞我名已，一切皆得端正黠慧，諸根完具，無諸疾苦。

「第七大願：願我來世得菩提時，若諸有情眾病逼切，無救無歸，無醫無藥，無親無家，貧窮多苦；我之名號一經其耳，眾病悉除，身心安樂，家屬資具悉皆豐足，乃至證得無上菩提。

「第八大願：願我來世得菩提時，若有女人為女百惡之所逼惱，極生厭離，願捨女身；聞我名已，一切皆得轉女成男，具丈夫相，乃至證得無上菩提。

「第九大願：願我來世得菩提時，令諸有情出魔羂網，解脫一切外道纏縛；若墮種種惡見稠林，皆當引攝置於正見，漸令修習諸菩薩行，速證無上正等菩提！

「第十大願：願我來世得菩提時，若諸有情王法所加，縛錄鞭撻，繫閉牢獄，或當刑戮，及餘無量災難凌辱，悲愁煎逼，身心受苦；若聞我名，以我福德威神力故，皆得解脫一切憂苦！

「第十一大願：願我來世得菩提時，若諸有情飢渴所惱，為求食故造諸惡業；得聞我名，專念受持，我當先以上妙飲食飽足其身，後以法味畢竟安樂而建立之。

「第十二大願：願我來世得菩提時，若諸有情貧無衣服，蚊虻寒熱，晝夜逼惱；若聞我名，專念受持，如其所好，即得種種上妙衣服，亦得一切寶莊嚴具，華鬘、塗香，鼓樂眾伎，隨心所翫，皆令滿足。

「曼殊室利！是爲彼世尊藥師琉璃光如來、應、正等覺行菩薩道時，所發十二微妙上願。

「復次，曼殊室利！彼世尊藥師琉璃光如來行菩薩道時，所發大願，及彼佛土功德莊嚴，我若一劫、若一劫餘，説不能盡。然彼佛土，一向清淨，無有女人，亦無惡趣，及苦音聲；琉璃爲地，金繩界道，城、闕、宮、閣、軒、窗、羅網，皆七寶成；亦如西方極樂世界，功德莊嚴，等無差別。於其國中，有二菩薩摩訶薩：一名日光遍照，二名月光遍照。是彼無量無數菩薩眾之上首，次補佛處，悉能持彼世尊藥師琉璃光如來正法寶藏。是故曼殊室利！諸有信心善男子、善女人等，應當願生彼佛世界。」

爾時，世尊復告曼殊室利童子言：「曼殊室利！有諸眾生，不識善惡，惟懷貪吝，不知布施及施果報，愚癡無智，闕於信根，多聚財寶，勤加守護。見乞者來，其心不喜，設不獲已而行施時，如割身肉，深生痛惜。復有無量慳貪有情，積集資財，於其自身尚不受用，何況能與父母、妻子、奴婢作使，及

來乞者？彼諸有情，從此命終生餓鬼界，或旁生趣。由昔人間
曾得暫聞藥師琉璃光如來名故，今在惡趣，暫得憶念彼如來
名，即於念時從彼處沒，還生人中；得宿命念，畏惡趣苦，不
樂欲樂，好行惠施，讚歎施者，一切所有悉無貪惜，漸次尚能
以頭目手足血肉身分施來求者，況餘財物？

「復次，曼殊室利！若諸有情，雖於如來受諸學處，而破尸
羅；有雖不破尸羅而破軌則；有於尸羅、軌則，雖得不壞，然
毀正見；有雖不毀正見而棄多聞，於佛所說契經深義不能解
了；有雖多聞而增上慢，由增上慢覆蔽心故，自是非他，嫌謗
正法，爲魔伴黨。如是愚人，自行邪見，復令無量俱胝有情，
墮大險坑。此諸有情，應於地獄、旁生、鬼趣流轉無窮。若得
聞此藥師琉璃光如來名號，便捨惡行，修諸善法，不墮惡趣；
設有不能捨諸惡行、修行善法，墮惡趣者，以彼如來本願威力
令其現前，暫聞名號，從彼命終還生人趣，得正見精進，善調
意樂，便能捨家趣於非家，如來法中，受持學處無有毀犯，正
見多聞，解甚深義，離增上慢，不謗正法，不爲魔伴，漸次修
行諸菩薩行，速得圓滿。

「復次，曼殊室利！若諸有情慳貪、嫉妒，自讚毀他，當墮三
惡趣中，無量千歲受諸劇苦！受劇苦已，從彼命終，來生人
間，作牛、馬、駝、驢，恆被鞭撻，飢渴逼惱，又常負重隨路
而行；或得爲人，生居下賤，作人奴婢，受他驅役，恆不自

在。若昔人中曾聞世尊藥師琉璃光如來名號，由此善因，今復憶念，至心歸依。以佛神力，眾苦解脫，諸根聰利，智慧多聞，恆求勝法，常遇善友，永斷魔胃，破無明殼，竭煩惱河，解脫一切生老病死憂愁苦惱。

「復次，曼殊室利！若諸有情好憙乖離，更相鬥訟，惱亂自他，以身語意造作增長種種惡業，展轉常為不饒益事，互相謀害。告召山林樹塚等神；殺諸眾生，取其血肉祭祀藥叉、羅剎婆等；書怨人名，作其形像，以惡咒術而咒詛之；厭魅蠱道，咒起屍鬼，令斷彼命，及壞其身。是諸有情，若得聞此藥師琉璃光如來名號，彼諸惡事悉不能害，一切展轉皆起慈心，利益安樂，無損惱意及嫌恨心，各各歡悅，於自所受生於喜足，不相侵凌互為饒益。

「復次，曼殊室利！若有四眾：苾芻、苾芻尼、鄔波索迦、鄔波斯迦，及餘淨信善男子、善女人等，有能受持八分齋戒，或經一年、或復三月受持學處，以此善根，願生西方極樂世界無量壽佛所聽聞正法而未定者，若聞世尊藥師琉璃光如來名號，臨命終時，有八大菩薩，其名曰：文殊師利菩薩、觀世音菩薩、大勢至菩薩、無盡意菩薩、寶檀華菩薩、藥王菩薩、藥上菩薩、彌勒菩薩。是八大菩薩乘空而來，示其道路，即於彼界種種雜色眾寶華中，自然化生。

「或有因此，生於天上，雖生天上，而本善根亦未窮盡，不復更生諸餘惡趣。天上壽盡，還生人間，或爲輪王，統攝四洲，威德自在，安立無量百千有情於十善道；或生刹帝利、婆羅門、居士大家，多饒財寶，倉庫盈溢，形相端嚴，眷屬具足，聰明智慧，勇健威猛，如大力士。若是女人，得聞世尊藥師琉璃光如來名號，至心受持，於後不復更受女身。

「復次，曼殊室利！彼藥師琉璃光如來得菩提時，由本願力，觀諸有情，遇眾病苦瘦攣、乾消、黃熱等病；或被厭魅、蠱毒所中；或復短命，或時橫死。欲令是等病苦消除，所求願滿。」

時彼世尊入三摩地，名曰除滅一切眾生苦惱。既入定已，於肉髻中出大光明，光中演說大陀羅尼曰：「南無薄伽伐帝　鞞殺社　窶嚕薛琉璃　鉢喇婆　喝囉闍也　怛陀揭多耶　阿囉訶帝　三藐三勃陀耶　怛姪他　唵　鞞殺逝　鞞殺逝　鞞殺社　三沒揭帝　娑訶」。爾時，光中說此咒已，大地震動，放大光明，一切眾生病苦皆除，受安隱樂。

「曼殊室利！若見男子、女人有病苦者，應當一心爲彼病人，常清淨澡漱，或食、或藥、或無蟲水，咒一百八遍，與彼服食，所有病苦悉皆消滅。若有所求，至心念誦，皆得如是無病延年；命終之後，生彼世界，得不退轉，乃至菩提。是故曼殊

室利！若有男子、女人，於彼藥師琉璃光如來，至心殷重，恭敬供養者，常持此咒，勿令廢忘。

「復次，曼殊室利！若有淨信男子、女人，得聞藥師琉璃光如來、應、正等覺所有名號，聞已誦持。晨嚼齒木，澡漱清淨，以諸香華，燒香、塗香，作眾伎樂，供養形象。於此經典，若自書，若教人書，一心受持，聽聞其義。於彼法師，應修供養：一切所有資身之具，悉皆施與，勿令乏少。如是便蒙諸佛護念，所求願滿，乃至菩提。」

爾時，曼殊室利童子白佛言：「世尊！我當誓於像法轉時，以種種方便，令諸淨信善男子、善女人等，得聞世尊藥師琉璃光如來名號，乃至睡中亦以佛名覺悟其耳。世尊！若於此經受持讀誦，或復爲他演說開示；若自書、若教人書；恭敬尊重，以種種華香、塗香、末香、燒香、花鬘、瓔珞、旛蓋、伎樂，而爲供養；以五色綵，作囊盛之；掃灑淨處，敷設高座，而用安處。爾時，四大天王與其眷屬，及餘無量百千天眾，皆詣其所，供養守護。世尊！若此經寶流行之處，有能受持，以彼世尊藥師琉璃光如來本願功德，及聞名號，當知是處無復橫死；亦復不爲諸惡鬼神奪其精氣，設已奪者，還得如故，身心安樂。」

佛告曼殊室利：「如是！如是！如汝所說。曼殊室利！若有淨

信善男子、善女人等，欲供養彼世尊藥師琉璃光如來者，應先造立彼佛形像，敷清淨座而安處之。散種種花，燒種種香，以種種幢旛莊嚴其處。七日七夜，受持八分齋戒，食清淨食，澡浴香潔，著新淨衣，應生無垢濁心，無怒害心，於一切有情起利益安樂，慈、悲、喜、捨平等之心，鼓樂歌讚，右遶佛像。復應念彼如來本願功德，讀誦此經，思惟其義，演說開示。隨所樂求，一切皆遂：求長壽，得長壽；求富饒，得富饒；求官位，得官位；求男女，得男女。

「若復有人忽得惡夢，見諸惡相；或怪鳥來集；或於住處百怪出現。此人若以眾妙資具，恭敬供養彼世尊藥師琉璃光如來者，惡夢、惡相諸不吉祥，皆悉隱沒，不能為患。或有水、火、刀、毒、懸險、惡象、獅子、虎、狼、熊、羆、毒蛇、惡蠍、蜈蚣、蚰蜒、蚊、虻等怖；若能至心憶念彼佛，恭敬供養，一切怖畏皆得解脫。若他國侵擾，盜賊反亂，憶念恭敬彼如來者，亦皆解脫。

「復次，曼殊室利！若有淨信善男子、善女人等，乃至盡形不事餘天，唯當一心歸佛、法、僧，受持禁戒：若五戒、十戒、菩薩四百戒、苾芻二百五十戒、苾芻尼五百戒。於所受中或有毀犯，怖墮惡趣，若能專念彼佛名號，恭敬供養者，必定不受三惡趣生。或有女人臨當產時，受於極苦；若能至心稱名禮讚，恭敬供養彼如來者，眾苦皆除。所生之子，身分具足，形

色端正，見者歡喜，利根聰明，安隱少病，無有非人奪其精氣。」

爾時，世尊告阿難言：「如我稱揚彼世尊藥師琉璃光如來所有功德，此是諸佛甚深行處，難可解了，汝爲信不？」

阿難白言：「大德世尊！我於如來所說契經不生疑惑，所以者何？一切如來身語意業無不清淨。世尊！此日月輪可令墮落，妙高山王可使傾動，諸佛所言無有異也。

「世尊！有諸眾生信根不具，聞說諸佛甚深行處，作是思惟：云何但念藥師琉璃光如來一佛名號，便獲爾所功德勝利？由此不信，還生誹謗。彼於長夜失大利樂，墮諸惡趣，流轉無窮！」

佛告阿難：「是諸有情若聞世尊藥師琉璃光如來名號，至心受持，不生疑惑，墮惡趣者無有是處。

「阿難！此是諸佛甚深所行，難可信解；汝今能受，當知皆是如來威力。阿難！一切聲聞、獨覺，及未登地諸菩薩等，皆悉不能如實信解，唯除一生所繫菩薩。阿難！人身難得；於三寶中，信敬尊重，亦難可得；聞世尊藥師琉璃光如來名號，復難於是。

「阿難！彼藥師琉璃光如來無量菩薩行，無量善巧方便，無量廣大願；我若一劫、若一劫餘而廣說者，劫可速盡，彼佛行願，善巧方便無有盡也！」

爾時，眾中，有一菩薩摩訶薩，名曰救脫，即從座起，偏袒右肩，右膝著地，曲躬合掌而白佛言：「大德世尊！像法轉時，有諸眾生爲種種患之所困厄，長病羸瘦，不能飲食，喉脣乾燥，見諸方暗，死相現前，父母、親屬、朋友、知識涕泣圍遶；然彼自身臥在本處，見琰魔使，引其神識至於琰魔法王之前。然諸有情，有俱生神，隨其所作若罪若福，皆具書之，盡持授與琰魔法王。爾時，彼王推問是人，計算所作，隨其罪福而處斷之。時彼病人親屬、知識，若能爲彼歸依世尊藥師琉璃光如來，請諸眾僧轉讀此經，燃七層之燈，懸五色續命神幡，或有是處彼識得還，如在夢中明了自見。或經七日、或二十一日、或三十五日、或四十九日，彼識還時，如從夢覺，皆自憶知善不善業所得果報；由自證見業果報故，乃至命難，亦不造作諸惡之業。是故淨信善男子、善女人等，皆應受持藥師琉璃光如來名號，隨力所能，恭敬供養。」

爾時，阿難問救脫菩薩曰：「善男子！應云何恭敬供養彼世尊藥師琉璃光如來？續命幡燈復云何造？」

救脫菩薩言：「大德！若有病人欲脫病苦，當爲其人，七日七

夜受持八分齋戒。應以飲食及餘資具，隨力所辦，供養苾芻僧。晝夜六時，禮拜行道，供養彼世尊藥師琉璃光如來。讀誦此經四十九遍，燃四十九燈；造彼如來形像七軀，一一像前各置七燈，一一燈量大如車輪，乃至四十九日光明不絕。造五色綵旛，長四十九搩手，應放雜類眾生至四十九，可得過度危厄之難，不爲諸橫惡鬼所持。

「復次，阿難！若剎帝利、灌頂王等，災難起時，所謂：人眾疾疫難、他國侵逼難、自界叛逆難、星宿變怪難、日月薄蝕難、非時風雨難、過時不雨難。彼剎帝利、灌頂王等，爾時應於一切有情起慈悲心，赦諸繫閉。依前所說供養之法，供養彼世尊藥師琉璃光如來。由此善根及彼如來本願力故，令其國界即得安隱，風雨順時，穀稼成熟，一切有情無病歡樂。於其國中，無有暴惡藥叉等神惱有情者，一切惡相皆即隱沒；而剎帝利、灌頂王等壽命色力，無病自在，皆得增益。

「阿難！若帝后、妃主、儲君、王子、大臣、輔相、中宮、綵女、百官、黎庶，爲病所苦，及餘厄難。亦應造立五色神旛，燃燈續明，放諸生命，散雜色華，燒眾名香；病得除愈，眾難解脫。」

爾時，阿難問救脫菩薩言：「善男子！云何已盡之命而可增益？」救脫菩薩言：「大德！汝豈不聞如來說有九橫死耶？是

故勸造續命旛燈，修諸福德，以修福故，盡其壽命不經苦
患。」阿難問言：「九橫云何？」救脫菩薩言：「若諸有情得
病雖輕，然無醫藥及看病者，設復遇醫，授以非藥，實不應死
而便橫死。又信世間邪魔外道、妖孽之師妄說禍福，便生恐
動，心不自正，卜問覓禍，殺種種眾生，解奏神明，呼諸魍
魎，請乞福祐，欲冀延年，終不能得。愚癡迷惑，信邪倒見，
遂令橫死入於地獄，無有出期，是名初橫。二者，橫被王法之
所誅戮。三者，畋獵嬉戲，耽淫嗜酒，放逸無度，橫為非人奪
其精氣。四者，橫為火焚。五者，橫為水溺。六者，橫為種種
惡獸所噉。七者，橫墮山崖。八者，橫為毒藥、厭禱、咒詛、
起屍鬼等之所中害。九者，飢渴所困，不得飲食而便橫死。是
為如來略說橫死，有此九種，其餘復有無量諸橫，難可具說！

「復次，阿難！彼琰魔王主領世間名籍之記，若諸有情，不孝
五逆，破辱三寶，壞君臣法，毀於信戒，琰魔法王隨罪輕重，
考而罰之。是故我今勸諸有情，燃燈造旛，放生修福，令度苦
厄，不遭眾難。」

爾時，眾中有十二藥叉大將，俱在會坐，所謂：宮毘羅大將、
伐折羅大將、迷企羅大將、安底羅大將、頞儞羅大將、珊底羅
大將、因達羅大將、波夷羅大將、摩虎羅大將、真達羅大將、
招杜羅大將、毘羯羅大將。此十二藥叉大將，一一各有七千藥
叉，以為眷屬。

同時舉聲白佛言：「世尊！我等今者蒙佛威力，得聞世尊藥師琉璃光如來名號，不復更有惡趣之怖。我等相率，皆同一心，乃至盡形歸佛法僧，誓當荷負一切有情，爲作義利，饒益安樂。隨於何等村城國邑，空閒林中，若有流布此經，或復受持藥師琉璃光如來名號恭敬供養者，我等眷屬衛護是人，皆使解脫一切苦難，諸有願求悉令滿足。或有疾厄求度脫者，亦應讀誦此經，以五色縷，結我名字，得如願已，然後解結。」

爾時，世尊讚諸藥叉大將言：「善哉！善哉！大藥叉將！汝等念報世尊藥師琉璃光如來恩德者，常應如是利益安樂一切有情。」

爾時，阿難白佛言：「世尊！當何名此法門？我等云何奉持？」佛告阿難：「此法門名說藥師琉璃光如來本願功德；亦名說十二神將饒益有情結願神咒；亦名拔除一切業障。應如是持！」

時，薄伽梵說是語已，諸菩薩摩訶薩及大聲聞，國王、大臣、婆羅門、居士、天龍、藥叉、揵達縛、阿素洛、揭路荼、緊捺洛、莫呼洛伽、人、非人等一切大眾，聞佛所說，皆大歡喜，信受奉行。

❶ 祈禱投生於一個所有住民都是獨身的佛土，這觀念對於大多數西方人都是不太受歡迎的，的確，或許對大多數任何地方的人士皆如此。這些人應該很高興知道，在許多位密續本尊的佛土，並不要求必須獨身。不過，有機會投生在必須獨身的佛土，對那些耽溺於性事的人很重要，因為這種耽溺總是讓他們陷於不斷的情感衝突，以及精神與社交方面的墮落。在全是獨身者的安全環境中生活與修持，提供他們非常需要的機會，以突破情感的、身體的以及社交方面的墮落。

　　此外，對於沒有其他的人生目標、一心只想成佛的人，包括獨身的比丘戒及比丘尼戒，被認為是最好的（雖不是唯一的）修行之道的基礎，至少在到達菩薩初地之前（堅守道德的生活包括性忠貞也被視為好基礎）。在一般情況下，殺生、偷盜、妄語、邪淫、飲酒等，皆出自於貪、瞋、癡三毒，而三毒又立基於二元的執著，那正是我們要藉修持逐漸予以破除的。所以，這些行為會加強一個人的煩惱，以及心中的困惑。另外，一般來說，性交將導致生育兒女，那會大大減少一個人可以用於正式禪修的時間與精力，而禪修是修行之路的主幹。在這種情況下，對於一個初修者，若非不可能，也會很困難去發展深奧的洞察能力——空觀，那是解脫與成佛之道。

善知識系列 JB0112

觀修藥師佛：祈請藥師佛，能解決你的困頓不安，感受身心療癒的奇蹟
Medicine Buddha Teachings
（本書爲《遇見藥師佛》暢銷修訂版）

作　　　者	堪千創古仁波切（Khenchen Thrangu Rinpoche）
譯　　　者	靳文穎
藏 文 顧 問	堪布羅卓丹傑、台北智慧金剛佛學中心策旺喇嘛（Karma Tsewang）、貝瑪慈寧
手 印 指 導	台灣噶瑪列些林高級佛學院甘采喇嘛
儀 軌 授 權	台灣省曼殊翻譯學會
責 任 編 輯	丁品方
業　　　務	顏宏紋

總 編 輯	張嘉芳
出　　版	橡樹林文化
	城邦文化事業股份有限公司
	104台北市民生東路二段141號5樓
	電話：(02)2500-7696　傳眞：(02)2500-1951
發　　行	英屬蓋曼群島商家庭傳媒股份有限公司城邦分公司
	104台北市中山區民生東路二段141號2樓
	客服服務專線：(02)25007718；25001991
	24小時傳眞專線： (02)25001990；25001991
	服務時間：週一至週五上午09:30～12:00；下午13:30～17:00
	劃撥帳號：19863813　戶名：書虫股份有限公司
	讀者服務信箱：service@readingclub.com.tw
香港發行所	城邦（香港）出版集團有限公司
	香港灣仔駱克道193號東超商業中心1樓
	電話：(852) 25086231　傳眞：(852) 25789337
	Email: hkcite@biznetvigator.com
馬新發行所	城邦（馬新）出版集團【Cité (M) Sdn.Bhd. (458372 U)】
	41, Jalan Radin Anum, Bandar Baru Sri Petaling,
	57000 Kuala Lumpur, Malaysia.
	電話：(603) 90578822　傳眞：(603) 90576622
	Email：cite@cite.com.my

封 面 設 計	周家瑤
內 文 排 版	歐陽碧智
印　　刷	韋懋實業有限公司
二 版 一 刷	2017年 2 月
二 版 五 刷	2021年 9 月
I S B N	978-986-5613-39-6
定　　價	300元

版權所有・翻印必究(Printed in Taiwan)
缺頁或破損請寄回更換

城邦讀書花園
www.cite.com.tw

國家圖書館出版品預行編目(CIP)資料

觀修藥師佛／堪千創古仁波切(Khenchen Thrangu)
著；靳文穎譯. -- 二版. -- 臺北市：橡樹林文化
出版, 城邦文化出版：家庭傳媒城邦分公司發行,
2017.02
　面； 公分. -- （善知識；JB0112）
譯自：Medicine Buddha Teachings
ISBN 978-986-5613-39-6(平裝)

1.藏傳佛教 2.佛教修持

226.965   106001048